JN100524

第3版 親子で学ぶ
スポーツ栄養

柳沢 香絵・岡村 浩嗣【編著】

池田 香代・近藤 衣美・村上 知子

八千代出版

執筆分担 （掲載順）

柳沢 香絵　　相模女子大学教授・公認スポーツ栄養士・管理栄養士　　1編 ① ③ ④ ⑬ 　2編 ①

村上 知子　　大阪体育大学スポーツ科学センター栄養ディレクター・
公認スポーツ栄養士・管理栄養士　　1編 ② ⑤ ⑧ ⑨ 　2編 ②

近藤 衣美　　筑波大学日本学術振興会特別研究員（PD）・
公認スポーツ栄養士・管理栄養士　　1編 ⑥ ⑦ ⑩ ⑪ ⑫ ⑭

岡村 浩嗣　　大阪体育大学教授　　3編

池田 香代　　大阪大谷大学講師・管理栄養士　　4編

Contents
目次

ワークシートから学ぶスポーツ栄養

ステップアップ　スポーツ栄養

ワークシートから学ぶ
スポーツ栄養

Worksheets to Learn Sports Nutrition

1 基礎編

① スポーツと食事の関係を知ろう

スポーツで勝つために大切なこと

スポーツを始めた人であれば、もっと上手になりたい、もっと強くなりたいと思うでしょう。そして、試合や大会に出るようになれば、勝ちたいと思うでしょう。

アスリートとして強くなるために大切なことは？
- ① 練習を続けること
- ② 競技に合った体をつくること
- ③ 試合前に体調をくずさないこと

アスリートとして強くなるためには練習をすることだけではなく、食事やすいみんも大切です。たくさん練習し、しっかり食事をとり、よくすいみんをとることが ①〜③につながるからです。

ジュニアアスリートがふだんの生活で気をつけること

食事はスポーツと関係が深いので、ジュニアアスリートは**考えて食事をすること**が大切です。どんな時に、何を、どれくらい食べるのかについて気をつけましょう。まず、食事を考えるために、アスリートにとっての食事の役割を知っておきましょう。

スポーツにおける食事の役割

① 体を動かすためのエネルギー源

練習を続けるためには、体を動かすためのエネルギーが必要です。エネルギー源は私たちの体の電気のような役割です。食事でじゅう電することができます。食事が足りないと電池切れでつかれやすく、バテやすくなります。

② 体をつくる材料になる

多くの動作は、筋肉が動くことで行われています。筋肉を増やすことは、速く走る、遠くに投げるなど運動の能力を高めるために大切ですが、そのためには筋肉の材料となる栄養を食事から補う必要があります。また、大きな筋肉を支える強い骨や、体に酸素を運ぶための血液をつくるための材料を食事からとることも大切です。

③ 体調・コンディションを整える

かぜをひいた、おなかが痛いなど体調が悪い時にはしっかり練習することはできません。また、試合や大会の時に、ふだんの練習の成果を出すためには、体調をよくしておくことが大切です。

　3つの食事の役割はスポーツを行うためにとても大切です。どの役割が欠けても強くなることはできません。食事がそれぞれの役割を果たしてくれる食べ方をこれから勉強していきましょう。

　オリンピックで活躍するようなトップアスリートたちも日々の食事や水分補給、試合前の食事には気をつけています。**食事も練習（トレーニング）のひとつです。**自分に必要な食事はどんな食事なのかをいつも考える習慣をつけていると、アスリートとして上手に食べられるようになります。

① ワーク1

ジュニアアスリートがふだんの生活で気をつけるとよいことは次のどれでしょう？
四角に○をしてみましょう。

ゲームに夢中で
夜ふかしすることが多いかな

食事は残さずしっかり食べるよ

練習はきらいだ、さぼっちゃえ

練習を一生けん命がんばるよ

すいみんをたっぷりとるよ

ねむいから朝ごはんは
いらないや

① ワーク2

スポーツにおける食事の役割をイラストの横に書いてみましょう。

(1)

(2)

(3)

" スポーツ&食事 " スゴロク！

スタート！

《やってみよう》
好きな食べ物と
きらいな食べ物を1つ
ずつ言ってみよう！

ごはんをたくさん食べるようにがんばったよ。少しずつでも食べる量を増やすんだ

1つすすむ！

食事をしっかり食べたよ。練習でいっぱい走れた！

1つすすむ！

今日は暑くて、練習でたくさん汗をかいた！　でも、めんどうだったから何も飲まなかったよ

1つもどる！

《やってみよう》
緑色の食べ物を
言ってみよう！3つ以上
言えたら1つすすむ！

《やってみよう》
好きなスポーツを
言ってみよう！

食事を工夫しながら考えて食べたよ。朝ごはんではヨーグルトを自分で用意したんだ！ ジュニアアスリートとして望ましい食事ができるようになるよ！

2つすすむ！

練習を一生けん命したらおなかがすいちゃった。お菓子を食べ過ぎたらごはんが入らなくなっちゃった！

スタートにもどる！

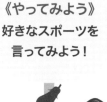

食べ物の好ききらいが多いかな。今日も給食で野菜を残しちゃった。体調をくずしやすいね。

2つもどる！

《やってみよう》
今日の朝食のおかずを
言ってみよう！
食べていなかったら
3つもどる！

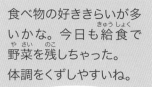

ゴール！

（縦書き右側）
1 スポーツと食事の関係を知ろう

② 食事の役割を栄養素から見てみよう

わたしたちはどうして食事をするのでしょう？　それは、生きていくために体に必要な「栄養のもと」を食べ物から取り入れるためです。この栄養のもとを「栄養素（えいようそ）」といいます。食べ物から栄養素を取り入れることで、体が大きくなったり、スポーツをすることができたり、毎日元気に過（す）ごすことができます。

栄養素には、「炭水化物（たんすいかぶつ）」「脂質（ししつ）」「たんぱく質（しつ）」「ビタミン」「ミネラル」と主に５つの種類があります。食べ物は、いろいろな栄養素が集まってできています。ひとつの栄養素だけでできている食べ物はありません。

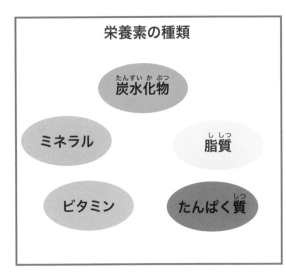

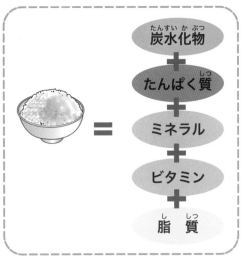

いろいろな食べ物を食べることで、多くの栄養素をとることができます。好きなものばかり食べたり、きらいなものがたくさんあると、栄養素にかたよりが出てきてしまいます。スポーツをすると、必要な栄養素の量（りょう）が増（ふ）えるので、好ききらいをせずにしっかり食事をすることが大切です。

それぞれの栄養素の働き

それぞれの栄養素にはその種類によって違った働きがあります。

「炭水化物」と「脂質」は、体を動かすためのエネルギー源になる働きがあります。エネルギー源をしっかりととることで、長い時間スポーツをすることができ、持久力向上にもつながります。エネルギー源が足りなくなると、すぐにつかれてしまったり、体を動かすことができなくなります。スポーツをする時には、たくさん体を動かすことになるので、エネルギー源を食べ物からしっかり取り入れることが大切です。とくに「炭水化物」は、「脂質」に比べて体に貯めておける量が少ないので大切です。「炭水化物」は、「とう質」と「食物繊維」を合わせた呼び方です。2つのうち、体を動かすためのエネルギー源になるのは「とう質」です。

「たんぱく質」と「ミネラル」は体をつくる材料になる働きがあります。筋肉、骨、血液、皮ふや体のさまざまな臓器をつくるもとです。スポーツには、大きな力を出したり、速く走ったりなどの動きが必要になります。そのためには、筋肉や骨を強くする体づくりが大切です。また、小学生、中学生の時期は体が大きくなる大事な時期です。食べ物から体をつくる材料をしっかりと取り入れましょう。

「ビタミン」は、かぜをひきにくくするなど体の調子を整える働きがあります。スポーツに集中して取り組むために体調を整えておくことが大切です。また、試合の日に熱が出たり、急におなかが痛くなったりしては、せっかく練習した成果が出せません。そのためにも、いつでも体調を良くしておけるようにしましょう。

栄養素の働きを見て気がついたでしょうか？　この働きは「食事の役割」と同じです。食事の役割には「栄養素」が関係しています。

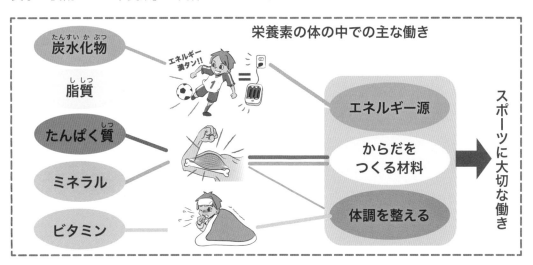

多くふくまれている「栄養素」で食品をグループ分けすると次のようになります。

炭水化物

ごはん、パン、めん、おもち

めんには、うどん、そば、そうめん、スパゲティ、マカロニなどがあります。

たんぱく質

肉、魚、たまご、大豆、大豆製品

大豆製品には、豆ふ、なっ豆、油あげなどがあります。

ミネラル

牛乳、乳製品、海そう、小魚

ミネラルは無機質ともいいます。とくにカルシウムや鉄はスポーツと関係が深いミネラルです。

脂質

油、バター、油を多く使った食べ物肉や魚のあぶら

油を多く使った食べ物には、フライや天ぷら、スナック菓子、菓子パン、ケーキなどがあります。

ビタミン

野菜、きのこ、果物

人が必要とするビタミンは 13 種類です。

ビタミン A	ビタミン B$_1$
ビタミン C	ビタミン B$_2$
ビタミン D	ビタミン B$_6$
ビタミン E	ビタミン K　など

・視力を正常に保つ。
・エネルギー源をエネルギーに変える。
・病気から体を守る力をつける。
・骨や血管をじょうぶにする。　など

スポーツに必要な働きがたくさんあります。

② **ワーク**　食品にはどんな栄養素がふくまれているでしょうか？

　同じ量（100g）を食べた時の、食品にふくまれる栄養素の量を長さ（cm）に直した数字が書いてあります。色をぬって、どの栄養素がたくさんふくまれているか見てみましょう。

水分：▨　炭水化物：▨　たんぱく質：▨　脂質：☐　ビタミンとミネラル：▨

ごはん
（子ども用の
茶わん１ぱい）

0g　　　　　　　　　　　　　　　　　　　　　　　　　　100g

水分：6cm、炭水化物：3.7cm、たんぱく質：0.3cm、脂質：0.03cm（0cm）、ビタミンとミネラル：0.01cm（0cm）

ぶた肉
（しょうが焼き１人分）

0g　　　　　　　　　　　　　　　　　　　　　　　　　　100g

水分：5.8cm、炭水化物：0.02cm（0cm）、たんぱく質：1.8cm、脂質：2.3cm、ビタミンとミネラル：0.1cm

ほうれん草
（おひたし２人分）

0g　　　　　　　　　　　　　　　　　　　　　　　　　　100g

水分：9.3cm、炭水化物：0.3cm、たんぱく質：0.2cm、脂質：0.05cm（0cm）、ビタミンとミネラル：0.2cm

バナナ
（１本）

0g　　　　　　　　　　　　　　　　　　　　　　　　　　100g

水分：7.5cm、炭水化物：2.3cm、たんぱく質：0.1cm、脂質：0.02cm（0cm）、ビタミンとミネラル：0.1cm

牛乳
（コップ半分）

0g　　　　　　　　　　　　　　　　　　　　　　　　　　100g

水分：8.7cm、炭水化物：0.5cm、たんぱく質：0.3cm、脂質：0.4cm、ビタミンとミネラル：0.1cm

バター
（10かけ）

0g　　　　　　　　　　　　　　　　　　　　　　　　　　100g

水分：1.6cm、炭水化物：0.02cm（0cm）、たんぱく質：0.1cm、脂質：8.1cm、ビタミンとミネラル：0.2cm

③ 栄養のバランスを考えよう

ジュニアアスリート向きの食事をそろえるコツ

　　ジュニアアスリートは、スポーツをしない人よりもたくさんのエネルギーや栄養素を食事からとることが大切です。そのための食事をそろえるコツがあります。下の図のように、主食、主菜、副菜、乳製品、果物の5つのグループをそろえるとジュニアアスリートとして栄養のバランスがよくなります。1日3食、5つのグループがそろうように工夫してみましょう。日本だけではなく、海外で食事をする時にも5つを組み合わせるとよいでしょう。

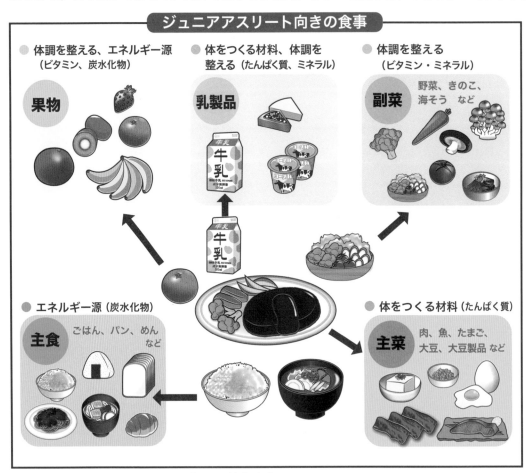

ジュニアアスリート向きの食事

- 体調を整える、エネルギー源（ビタミン、炭水化物）　果物
- 体をつくる材料、体調を整える（たんぱく質、ミネラル）　乳製品
- 体調を整える（ビタミン・ミネラル）　副菜　野菜、きのこ、海そう など
- エネルギー源（炭水化物）　主食　ごはん、パン、めん など
- 体をつくる材料（たんぱく質）　主菜　肉、魚、たまご、大豆、大豆製品 など

　　主食は、ごはん、パン、めん類など炭水化物を多くふくむ食品です。

　　主菜は、肉、魚介類（魚、いか、たこ、貝など）、たまご、大豆製品（豆ふ、なっ豆など）など、たんぱく質を多くふくむ食品を使ったおかずです。

　　副菜は、野菜、きのこ、海そうなどビタミンやミネラルを多くふくむ食品を使ったおかずです。

　　乳製品や果物は、主食、主菜、副菜だけでは足りない栄養を補ってくれます。

栄養のバランスを比べてみよう

　朝は昼食や夕食と同じだけ食べられない人が多いので、朝、昼、夕食の量は１:1.5:1.5の割合で考えます。下のグラフは１日に必要なエネルギーと栄養素を 100% とした時の１食分（昼、夕食）の栄養のバランスを比べています。

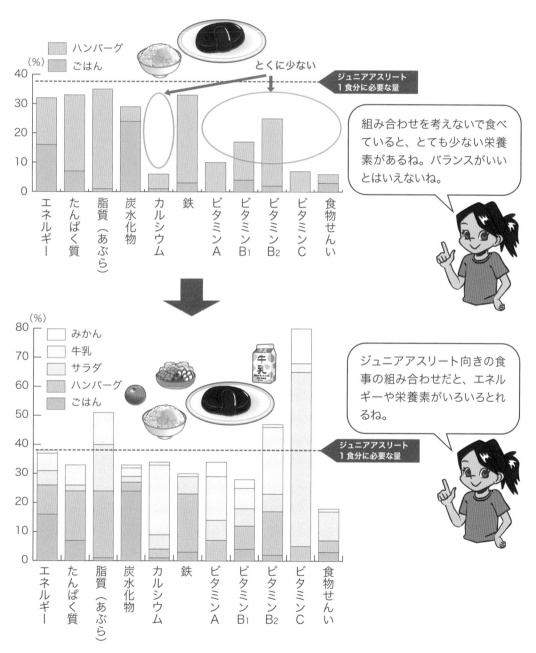

　下のメニューのようにジュニアアスリート向きの食事をそろえると栄養のバランスがよいことがわかります。いつでも５つのグループがそろうように練習してみましょう。

③ ワーク１

次の食品はジュニアアスリート向きの食事のグループ（主食、主菜、副菜、乳製品、果物）のどれに入るでしょうか？

うどん　　　チーズ　　　みかん　　　ほうれん草　　　たまご
いか　　　なっ豆　　　ハム

③ ワーク２

次の料理はジュニアアスリート向きの食事のグループ（主食、主菜、副菜、乳製品、果物）のどれに入るでしょうか？

ひじきのにもの　　　とんじる　　　親子どん　　　ぶりの照り焼き　　　野菜サラダ

③ ワーク３

次の食事はジュニアアスリート向きの食事と比べると何が足りないのでしょうか？
足りないグループと食品や料理を書いてみましょう。

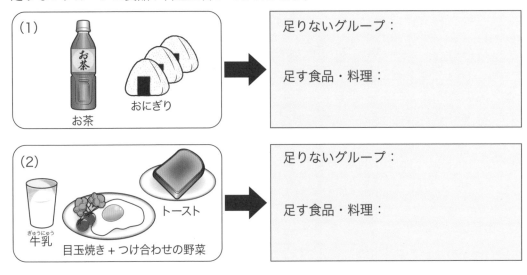

(1)
お茶
おにぎり

足りないグループ：

足す食品・料理：

(2)
牛乳
目玉焼き＋つけ合わせの野菜
トースト

足りないグループ：

足す食品・料理：

　きのう1日食べたものと飲んだものを書き出し、ジュニアアスリート向きの食事のグループに分類してみよう。

食事	メニュー	材料	ジュニアアスリート向きの食事のグループ					その他
			主食	主菜	副菜	乳製品	果物	
例	目玉焼き	たまご		○				
	お茶							○
朝食								
昼食								
夕食								

④ 何をどのくらい食べればいいの？

　ジュニアアスリート向きの食事は「何を食べるか」だけではなく、「どのくらい食べるか」ということも大切です。食事の「内容」と「量」を考えて食べましょう。

　ジュニアアスリートは、成長するためのエネルギーや栄養に加え、スポーツをするための分も必要です。まず、しっかりと食べることを心がけましょう。

1日にこれぐらいの量を食べよう！

主食
大きめのお茶わん2はい
食パン6枚切り1枚と
ロールパン1個

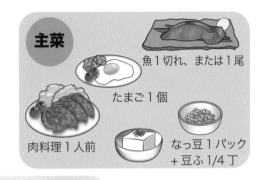

主菜
魚1切れ、または1尾
たまご1個
肉料理1人前
なっ豆1パック
＋豆ふ1/4丁

副菜
野菜や海そうのしる物3はい
海そうのにもの
小ばち1つ
野菜いため1人前
サラダ1人前
青菜のおひたし
小ばち1つ

果物
バナナ1本と
オレンジ1個

乳製品
牛乳コップ2はいと
カップヨーグルト
1個

給食は栄養のバランスが整っていますが、量はジュニアアスリートに必要な分よりも少ないです。給食は残さず食べましょう！

1日に必要な量を1日3回の食事と補食（20ページ）でとりましょう。もっと食べられる人は、おなかの調子やスポーツをした時に動けるかなどを考えながら食べる量を増やすようにしましょう。

1 基礎編

5つのグループのバランス

　ジュニアアスリート向きの5つのグループはそれぞれどのくらい食べればよいでしょうか。下のピラミッドで面積が大きいグループの食品を多く食べた方がジュニアアスリート向きの食事として量のバランスが整います。

　主食は一番下の土台になる部分です。しっかり食べましょう。主食の次に多く食べるとよいのは副菜と果物です。野菜や果物はいろいろな種類を食べるように心がけるとよいでしょう。次に多く食べるとよいのは主菜や乳製品です。お肉ばかり食べ過ぎてはいませんか？　一番上のあまいおかしやジュースが小さい面積なのは、とり過ぎに注意が必要なことをしめしています。

油、あまいおかし、
あまい飲み物など

面積の大きいグループの食品を多く食べるとアスリートとしてバランスのよい食事になります。

乳製品
牛乳、ヨーグルト、チーズなど

主菜
肉、魚、たまご、大豆、大豆製品など

副菜
野菜、きのこ、海そうなど

果物

主食
米、パンめん類

　お弁当の時にもバランスよく食べる方法があります。

　主食はお弁当箱の半分になるようにつめ、主菜は残った場所の3分の1になるように、残りを副菜にするとよいでしょう。乳製品と果物は別に持って行きます。

お弁当箱の半分が主食

お弁当箱の半分の2/3が副菜

お弁当箱の半分の1/3が主菜

④ **ワーク1**

　下の食品や料理はピラミッドのア〜エのどこに入るでしょうか？　[　]に記号を入れてみましょう。

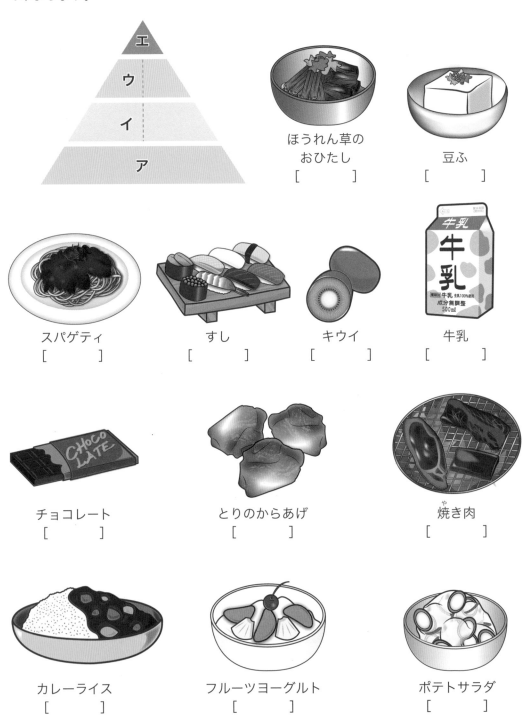

ほうれん草の
おひたし
[　　　　]

豆ふ
[　　　　]

スパゲティ
[　　　　]

すし
[　　　　]

キウイ
[　　　　]

牛乳
[　　　　]

チョコレート
[　　　　]

とりのからあげ
[　　　　]

焼き肉
[　　　　]

カレーライス
[　　　　]

フルーツヨーグルト
[　　　　]

ポテトサラダ
[　　　　]

④ ワーク2

右の料理や食品を下のお弁当箱につめて、バランスのよいお弁当をつくります。
お弁当箱の四角に食品や料理の名前を書いてみましょう。

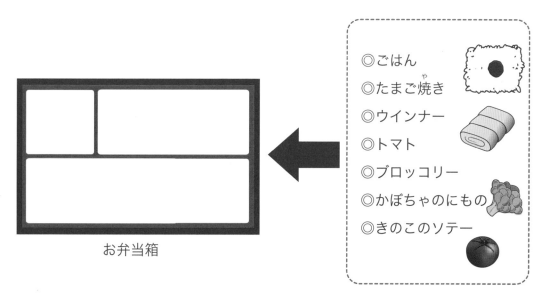

お弁当箱

◎ごはん
◎たまご焼き
◎ウインナー
◎トマト
◎ブロッコリー
◎かぼちゃのにもの
◎きのこのソテー

④ ワーク3

料理や食品の内容と量を考えて朝食のメニューを立ててみましょう。それぞれの料理の
量がわかるように、下の四角に絵もかいてみましょう。

⑤　補食はどうやってとるの？

補食って何だろう？

　スポーツをすると、体に必要なエネルギーや栄養素が多くなるため、朝・昼・夕と３食ともにジュニアアスリート向きの食事にそろえることが望ましいです。しかし、ジュニアアスリート向きの食事にそろえられなかったり、おなかがすいたままスポーツをしたりすると、必要なエネルギーや栄養素が不足し、つかれやすくけがをすることにつながります。そうならないために、朝・昼・夕３食以外で足りないものを食べることを「補食」といいます。この「補食」をうまく取り入れることが、ジュニアアスリートには大切です。

　スポーツをするために必要な栄養素がとれる食品をまずは食べることが大切です。補食には、何を食べればよいのかを考えて、ジュニアアスリート向きの食事の５つのグループから食品を選んで食べるとよいでしょう。

補食

・朝、昼、夕の３食がとれるくらいの量にしましょう。

・補食は、何回とってもかまいません。

・１回の食事で少ししか食べられない時も補食をとるとよいでしょう。

補食におすすめの食品は、おにぎり、サンドイッチ、果物、100％果物ジュース、牛乳、ヨーグルト、チーズ、スポーツドリンクなどです。

補食を食べる時はいつ？

補食を食べる時は大きく分けて2つあります
① 食事で足りないグループの食品を補う
② 運動（練習）の前または後で栄養を補う

① 食事で足りないグループの食品を補う

★ジュニアアスリート向きの食事をそろえることができなかった時に、食べられなかったものを補います。

★ジュニアアスリート向きの食事を残してしまった時に、足りないものを補います。

ラーメンのグループは
主食、主菜
↓
食べられなかったグループは
副菜、乳製品、果物
↓
補食でとろう！

ごはんを残して
しまったら…
↓
食べられなかった
グループは主食
↓
補食でとろう！

② 運動（練習）の前または後で栄養を補う

運動前には、補食でエネルギー源をとることで、しっかりと運動をすることができます。運動後には、練習で使ったエネルギー源やこわれた筋肉をつくり直すための材料になるものを補います。運動をした後すぐに食事がとれる時には補食はとらなくてもよいでしょう。

エネルギー源になるのは「主食」「果物」、筋肉の材料になるのは「主菜」「乳製品」です。

運動（練習）の前	運動（練習）の後
エネルギー源になる	使ったエネルギー源を補う ＋ 体をつくる材料
主食	主食
果物	果物
	主菜
	乳製品

果物の働き

果物には、体調を整える働きのほかにエネルギー源になる働きもあります。果物のあまみの成分がエネルギー源です。

21

どんな補食をとったらいいのかな？　考えてみよう！

補食には３つの役割があることを勉強しました。それでは次の場合に何を補食として食べるとよいのか考えてみましょう。

⑤ ワーク１　食事で食べられなかったものを補う時

昼食でイラストの料理を食べました。これでは５つのグループがそろっていません。

（1）下の表に左の料理名を書き、あてはまる料理のグループに○をしましょう。

（2）この食事の後は、どのグループの食品を補食で食べたらよいでしょうか。補食でとるグループに◎をつけましょう。

メニュー	主食	主菜	副菜	乳製品	果物
補食でとるグループ					

⑤ ワーク２　食事で残してしまったものを補う時

左のイラストのメニューを食べました。

（1）下の表にメニューを書き、あてはまる料理のグループに○をしましょう。

料理名	主食	主菜	副菜	乳製品	果物
①					
②					
③					
④					
⑤					
⑥					

（2）　ごはんを残してしまいました。その場合、何を補食にとるとよいでしょう。

補食でとるグループは？	このグループをとるためにあなたなら何を食べますか？

5 **ワーク3** 運動（練習）の前または後で栄養を補う時

学校が終わった後、練習があります。練習の前と後に補食をとります。

(1) 補食1（練習前）と補食2（練習後）では、どのグループを補（おぎな）ったらよいですか？
○をつけましょう。

メニュー	主食	主菜	副菜	乳製品	果物	ヒント
補食1						エネルギー源タン!!
補食2						エネルギー源タン!!

(2) あなたなら補食1（練習前）と補食2（練習後）で、どんな食べ物をとりますか？

補食1

補食2

23

⑥ スポーツに必要なエネルギーについて知ろう

エネルギーって何だろう？

　エネルギーとは人間が生きるための "力" になるもので、エネルギーがないと動けなくなり、最後には死んでしまいます。エネルギーを理解するために、たき火をイメージしてみましょう。たき火をした時の「火」はエネルギー、たきぎがエネルギー源です。火の大きさはエネルギーの大きさを表しており、火が大きい時には多くのエネルギーがあり、その分エネルギー源となるたきぎもたくさん必要になります。反対に火が小さい時にはエネルギーも少なく、エネルギー源であるたきぎも少しで足ります。

火→エネルギー

たきぎ→エネルギー源

　では、人間の場合はどうでしょう？　エネルギーもエネルギー源も目には見えませんが、エネルギーは、①体温を保ったり、体の臓器を動かし続けたりするため、②成長するため、③運動するために使われます。これらのエネルギーは食べ物の中にふくまれているエネルギー源からつくられます。

① 生きるために最低限必要なエネルギー

ねている間もエネルギーは必要です。

③ 運動に使うエネルギー

② 成長に必要なエネルギー

エネルギーの単位は
kcal（キロカロリー）
といいます

　左の2種類の大きさの肉を焼く時、右の大きな肉の方が左の小さな肉よりたくさんの火力（エネルギー）が必要になります。人間も体の大きさによって必要なエネルギーがちがいます。体の大きな人の方が、エネルギーがたくさん必要になります。

1 基礎編

エネルギー源になる栄養素

　ジュニアアスリートの食事の中でエネルギー源になるグループは主食です。主食に多くふくまれている栄養素は炭水化物です。炭水化物はアスリートのエネルギー源として一番大切な栄養素です。

　そのほかに、脂質もエネルギー源になります。少しの量でたくさんのエネルギーをつくることができます。また、脂質は寒さから体を守ってくれる働きもあります。

　体から炭水化物や脂質が足りなくなった時には、たんぱく質もエネルギー源になります。

　３つの栄養素のエネルギーを同じ量で比べてみると……

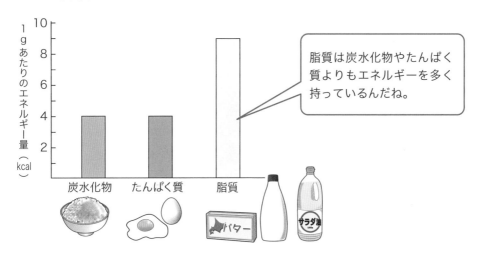

脂質は炭水化物やたんぱく質よりもエネルギーを多く持っているんだね。

⑥ ワーク１　脂質が多い食べ物を書いてみましょう。（②を復習しよう）

脂質が多い食べ物にかたよって食べ過ぎていると、肥満の原因になります。

かたよりなく、いろいろな食品や料理を食べることがアスリート向きの体づくりにつながります。

⑥ ワーク2

授業やスポーツで使うエネルギーと同じくらいのエネルギー量の食品や料理を次のページから選んでみよう。

(1) 50分間の授業で75 kcal 使います。

(2) テニスを1時間すると360 kcal 使います。

(3) サッカーを1時間すると420 kcal 使います。

(4) サッカーを2時間すると840 kcal 使います。

(1)～(4)は、10～11歳のときに使うエネルギーです。何もしないでいすに座っているよりも頭で考えたり体を動かしたりした方が使うエネルギーは増えます。

★何もしないでいすに座っているときの何倍のエネルギーを使うのかな？

授　業…… 1.5倍 ┐

テ ニ ス…… 6倍　　運動の種類によって変わります

サッカー…… 7倍 ┘

★同じことをしていても、長い時間すると使うエネルギーは増えます。

授業やスポーツで使うエネルギーと同じくらいのエネルギー量の食品や料理を選びましょう（いくつかの食べ物を組み合わせてもよい）。

おにぎり
170kcal

サンドイッチ
350kcal

ハンバーガー
360kcal

食パン 6 枚切り
150kcal

チーズ
50kcal

ごはん茶わん1ぱい
230kcal

チャーハン
420kcal

目玉焼き
90kcal

ぶた肉のしょうが焼き
290kcal

さばのみそに
240kcal

肉じゃが
380kcal

ほうれん草のおひたし
20kcal

バナナ
90kcal

牛乳
120kcal

100% オレンジジュース
90kcal

ゼリー飲料
180kcal

ジュニアアスリートは

①生きるために最低限必要なエネルギー、②成長に必要なエネルギー、

③運動に使うエネルギーを

食事や補食でしっかり補給しよう！

⑥ **ワーク3** エネルギーが足りないとどうなるのかな？

① 体重が減る、または増えない
② 歯が痛くなる
③ すぐにつかれてしまう
④ 筋肉がつきにくい

⑤ 鼻血が出る
⑥ 背が伸びない
⑦ 集中力がなくなる
⑧ 便がかたくなる

答え

7 　スポーツをする時は水分をとろう

　水は人間が生きていくうえで絶対に必要なものです。人間の体の 50 〜 60% は水でできていて、人の体をつくる成分では一番多い割合（わりあい）をしめています。水は体の中で次のような働（はたら）きをしてくれます。

① 栄養素（えいようそ）を全身に運ぶ
② いらないものを体の外に出す
③ 体温（たいおん）を調節（ちょうせつ）する

赤血球

　スポーツをすると体温が上がって体が熱くなりますが、体の水が汗（あせ）に変わり体から蒸発（じょうはつ）する時に体を冷やし、体温を元にもどしてくれます。しかし、暑い所に長時間いたり、スポーツをしたりすることでたくさんの汗（あせ）をかき、体から水分が足りなくなると、体温調節がうまくいかずにいろいろな不調が出てきます。それらの症状を熱中症（ねっちゅうしょう）といいます。暑い所でめまいが起こってふらふらする、力が入らなくなるといったことを感じたら要注意です。さらに、頭痛（ずつう）やはき気（け）、足やうでやおなかの筋肉（きんにく）が痛（いた）くなり、けいれんが起こることもあり、重症（じゅうしょう）になると死亡（しぼう）することもあります。

　熱中症はたいへん危険（きけん）です。練習前や練習中にしっかり水分補給（ほきゅう）をして熱中症にならないように気をつけましょう！

運動をする時にはどれくらい飲むとよいでしょう？

　水分補給がきちんとできているか確認する簡単な方法が 2 つあります。

① 運動前後の体重をはかる

　運動中は汗をたくさんかきます。かいた汗と同じ量の水分をとれていないと、運動後に体重が減（へ）ります。運動後に体重が減らないように、運動前や運動中にしっかり水分補給をしましょう。ワーク 1 で体重をはかることによって汗の量（りょう）と飲み物の量をはかってみよう。

② 運動中や運動後のおしっこの色を見る

　おしっこの色は体に水分が足りているかどうかを知るサインになります。おしっこの色がうすい時はしっかり水分が補給できている状態（じょうたい）、こい時は水分が足りない状態です。

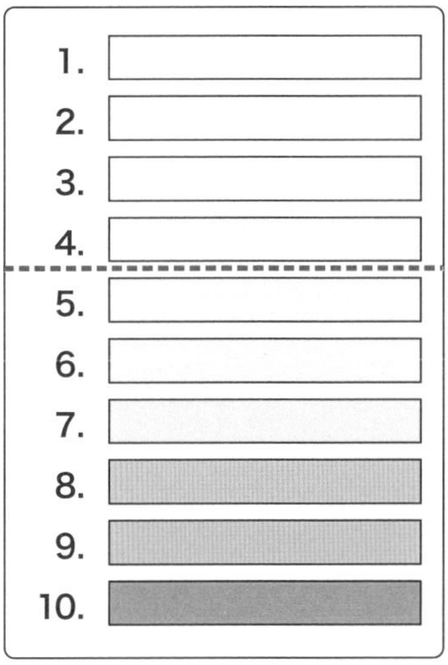

1.	
2.	
3.	
4.	
5.	
6.	
7.	
8.	
9.	
10.	

左の図はおしっこの色を示しています。運動中や運動後におしっこの色を見て、左のおしっこの色と比べてみましょう。

● 1～4の色 ……… 水分が十分にとれています。
● 5～10の色……… **水分が足りていません。**とくに色のこい人は要注意です。運動前や運動中に、今よりも水分をとるようにしましょう。

スポーツをする時は「のどのかわき」にあわせてこまめに水分補給しましょう

運動中は、運動後に体重が減らないように、こまめに休憩をとり水分補給をしましょう。「のどのかわき」を感じたらすぐに水分をとれるように、運動前に準備をしておきましょう。運動中は、汗で失う水分、塩分と、運動で使うエネルギー源（炭水化物）を補給するために、水分、塩分、炭水化物をふくんでいるスポーツドリンクを飲むのがよいでしょう。用意した飲み物は水筒、クーラーボックスや保冷バッグなどに入れて、涼しい場所で保管しましょう。

🥤 🥤 🥤 🥤 スポーツドリンクをつくってみよう！🥤 🥤 🥤 🥤

《材料》

水……………… 500mL
さとう………… 25g
食塩…………… 0.5g
レモン果じゅう…… 15g

《つくり方》

①さとう、食塩、レモン果じゅうの重さをはかる。
②ボウルにさとう、食塩を入れ、水を加えてさとうと食塩がとけるまでわりばしでよく混ぜる。
③さとうと食塩がとけたら、レモン果じゅうを加えてよく混ぜる。
＊味見をして、好みに合わせてさらにレモン果じゅうを加えてもよいでしょう。

7 ワーク1　運動中にかく汗の量をはかってみよう！

（必ず
単位をg（グラム）に
そろえよう！）

◆運動の前に行うこと

　① トイレに行っておしっこをする

　② 体重をはかる　　　　　　　　　　　　　　　　(1) ＿＿＿＿＿＿＿＿＿＿ g

　③ 運動中に飲む飲み物の重さを入れ物ごとはかる　(2) ＿＿＿＿＿＿＿＿＿＿ g

◆運動の後に行うこと

　① トイレに行っておしっこをする

　② 運動前と同じような服に着がえる（体の汗をよくふきましょう）。

　③ 体重をはかる　　　　　　　　　　　　　　　　(3) ＿＿＿＿＿＿＿＿＿＿ g

　④ 飲んだ後の飲み物の重さを入れ物ごとはかる　　(4) ＿＿＿＿＿＿＿＿＿＿ g

◆さあ、運動中にかいた汗の量を計算してみよう！

　ア　飲んだ飲み物の量は？

　　(2) － (4) ＝ ＿＿＿＿＿＿＿＿＿＿＿＿＿＿＿＿ ＝ ［ ア ］＿＿＿＿＿ g

　　　　　　　　　（↑式を書いてみましょう）

　イ　運動中にかいた汗の量は？

運動前の体重(1)＋飲んだ飲み物の量 ［ ア ］は？

　　(1) ＋ ［ ア ］ ＝ ＿＿＿＿＿＿＿＿＿＿＿＿＿ ＝ (5) ＿＿＿＿＿ g

(5)から運動後の体重をひくと、汗の量が計算できます

　　(5) － (3) ＝ ＿＿＿＿＿＿＿＿＿＿＿＿＿＿ ＝ ［ イ ］＿＿＿＿＿ g

◆ 飲んだ飲み物（ア）と汗（イ）の量のどちらが多いかな？　比べてみよう！

　①〜③のどのタイプだったかな？　四角にチェックをしてみよう。

① □　飲み物 ＞ 汗　　　　　② □　飲み物 ＝ 汗

③ □　飲み物 ＜ 汗

7 ワーク2　次の質問について、自由に ▢ に書いてみましょう

(1) 汗はどんな味がするでしょう？

（空欄）

(2) 運動中に減っているものは何でしょう？

（空欄）

(3) 運動の時に飲むものは何がよいでしょう？

（空欄）

7 ワーク3　水分補給クイズにチャレンジしよう

(1) 運動前は水分をとったほうがいい？

① とったほうがいい　　②とらないほうがいい

答え

(2) 暑い時に運動を行う場合の水分のとり方は？

① 運動中は飲まない方がいいので、終わってからまとめて飲む

② こまめに飲む

③ のどのかわきががまんできなくなったら飲む

答え

(3) 運動前後で体重をはかりました。運動後に体重はどうなっているのがいい？

① 運動前より減っているのがいい

② 運動前より増えているのがいい

③ 運動前と同じくらいがいい

答え

(4) スポーツドリンクには何が入っているでしょう？

答え

⑧　試合で勝つためには食事も大切

　試合ではこれまでの練習の成果を出し、よい記録を出したり、勝ちたいと思うでしょう。そのためにはどうすればよいのでしょうか？試合までに練習を一生けん命がんばることだけでなく、食事で体調を整えておくことも大切です。

　大切な試合前日と試合当日の食事のポイントは次のとおりです。

ポイント	これらの食事で注意するのは
★前日の夕食	★試合までの時間
★当日の朝食	★何を食べて何を飲むか
★試合前の食事	
★試合の合間の食事	

試合までの時間に気をつけること

　食べ物をとってから、体に吸収されるには時間がかかります。食べ物は最初に胃に入り、吸収しやすい形に変わります。これを消化といいます。試合当日など、きん張していると消化に時間がかかります。消化されずに胃の中に食べ物がたくさん入っている状態で運動すると、おなかが痛くなったり、気分が悪くなったりすることがあります。試合当日にそのようなことが起きないようにするためには、**試合開始3〜4時間前までに食事をすませるようにしましょう。**

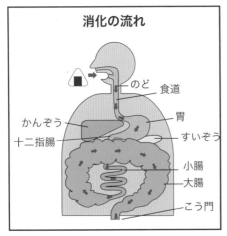

消化の流れ

のど
食道
かんぞう
胃
十二指腸
すいぞう
小腸
大腸
こう門

試合開始
3〜4時間前までに
食事をすませる

きん張していると、
消化がうまくいかなかったり
時間がかかったりします。

何を食べて何を飲んだらいいのだろう

　スポーツを行うためには、体を動かすためのエネルギー源（げん）が必要です。試合当日にエネルギー源が足りなくなるということがないように、試合前日の夕食、試合当日の朝食は、エネルギー源になる炭水化物（たんすいかぶつ）を多くふくむ「主食」や「果物（くだもの）」を多めに食べるようにしましょう。主食だけでたくさん食べることが難（むずか）しい時は、主食を 2 種類組み合わせて食べたり、おかずに取り入れたりすると炭水化物を多めにとることができます。

　乳製品（にゅうせいひん）をとるとおなかの調子が変わりやすい人は、試合当日の朝食は乳製品をとらなくてもかまいません。

　試合開始時間が早く、朝食を 3 〜 4 時間前に食べることが難しい時は、前日の夕食にしっかりと主食、果物をとっておくことが大切です。

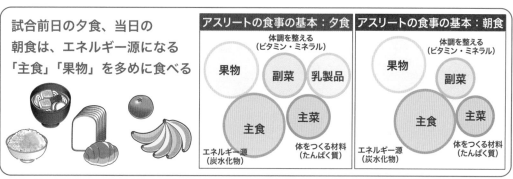

試合前日の夕食、当日の朝食は、エネルギー源になる「主食」「果物」を多めに食べる

アスリートの食事の基本：夕食
体調を整える（ビタミン・ミネラル）
果物　副菜　乳製品
主食　主菜
エネルギー源（炭水化物）　体をつくる材料（たんぱく質）

アスリートの食事の基本：朝食
体調を整える（ビタミン・ミネラル）
果物　副菜
主食　主菜
エネルギー源（炭水化物）　体をつくる材料（たんぱく質）

炭水化物を多くとる方法
◆主食を組み合わせる　　　　◆おかずで食べる
うどん＋おにぎり　　パスタ＋パン　　マカロニサラダ　　みそ汁におもち

　また、油の多い食べ物は消化に時間がかかります。試合が始まる時に、食べ物が胃（い）の中にたくさん残っていないようにするために、試合前日の夕食や試合当日の朝食では油の多い食べ物はひかえるとよいでしょう。

油の多い食べ物
・フライ、天ぷら、からあげなどのあげ物
・マヨネーズ、ドレッシングはかけすぎない
・カレー、シチュー、グラタンは食べ過ぎない

また、試合当日や前日は体調をこわさないように、右の ▭ に書かれているものは、さけるようにしましょう。また、食べ過ぎや飲み過ぎにも気をつけましょう。

試合開始まで3時間を切っても（試合開始2時間〜30分前）、消化に時間がかからずエネルギーになりやすい食べ物なら食べてもよいでしょう。その時はよくかんで食べましょう。試合までの時間を考えて、食べるものを選ぶようにしましょう。

試合前の食事でさけた方がよいもの
・消費期限や賞味期限が切れたもの
・冷たいもの
・生の肉や魚
・はじめて食べるもの

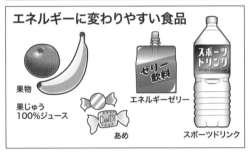

エネルギーに変わりやすい食品

果物

果じゅう100%ジュース

あめ

エネルギーゼリー

スポーツドリンク

試合後は、スポーツで使ったエネルギー源を補給し、こわれた筋肉をつくり直して次の練習に向けて準備しなければいけません。そのためにも、できるだけ早めに食事をとるようにしましょう。食事はジュニアアスリート向きの食事にそろえるとよいでしょう。食事まで時間が空いてしまう時は、運動後の補食を思い出して、とるようにしましょう。

2つのポイントを合わせると、試合前の食事はこのようになります。

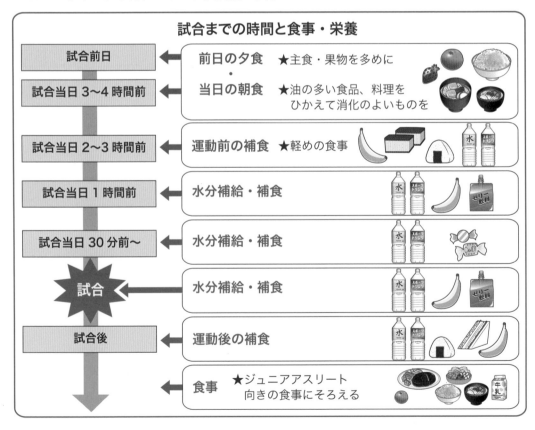

試合までの時間と食事・栄養

試合前日	前日の夕食・当日の朝食	★主食・果物を多めに
試合当日 3〜4時間前		★油の多い食品、料理をひかえて消化のよいものを
試合当日 2〜3時間前	運動前の補食	★軽めの食事
試合当日 1時間前	水分補給・補食	
試合当日 30分前〜	水分補給・補食	
試合	水分補給・補食	
試合後	運動後の補食	
	食事	★ジュニアアスリート向きの食事にそろえる

8 **ワーク** 試合の時、どのように食べたり飲んだりすればよいか、考えてみましょう。

《書き方》

① 自分が出場する試合の時間を書きましょう。　　　　　　　←←←**試合開始、試合終了**

② 何を食べたり飲んだりすればよいか書きましょう。

　　　　　　　　　　　←←←**前日の夕食、当日の朝食、補食、試合後の食事**

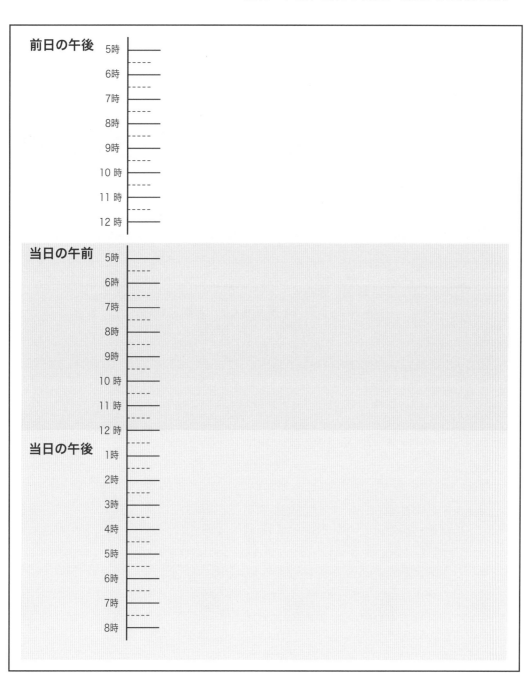

⑨ 食品の表示を見てみよう

市販(しはん)の食べ物には、いろいろな表示がされているのを知っていますか？

アスリートは、自分で食べ物を選ぶ力(えら)を身につけることが大切です。自分にとって必要(ひつよう)なものは何かを考えて選ぶ時に、食べ物に書かれてあるいろいろな情報(じょうほう)です。その情報が手がかりになります。その情報を食品表示といいます。

種類別名称	牛乳
商　品　名	○○牛乳
無脂乳固形分	8.3%以上
乳脂肪分	3.5%以上
原材料名	生乳100%
殺　　　菌	130℃　2秒間
内　容　量	1,000mL
賞味期限	上部に記載
保存方法	10℃以下で保存してください。
開封後の取扱	開封後は、賞味期限にかかわらず、できるだけ早めにお飲みください。
製造所所在地	東京都千代田区○○町○○
製　造　者	○○牛乳株式会社○○工場

どんな食べ物なのか、表示を見ればわかるんだね！

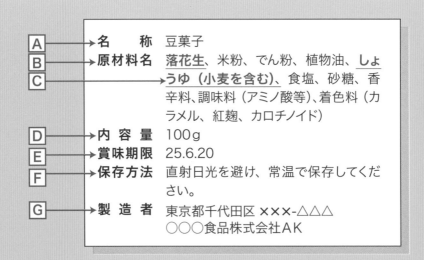

A	→	名　　称	豆菓子
B	→	原材料名	落花生、米粉、でん粉、植物油、**しょ**
C			**うゆ（小麦を含む）**、食塩、砂糖、香辛料、調味料（アミノ酸等）、着色料（カラメル、紅麹、カロチノイド）
D	→	内　容　量	100g
E	→	賞味期限	25.6.20
F	→	保存方法	直射日光を避け、常温で保存してください。
G	→	製　造　者	東京都千代田区×××-△△△○○○食品株式会社AK

A：名称表示 ………… 食べ物の名前

B：原材料表示 ……… 食べ物の原材料（量が多い順）

C：アレルギー表示 …… アレルギーの原因になる食品が入っているかどうか

D：内容量表示 ……… 入っている量や個数

E：期限表示 ………… いつまでに食べればいいのかの目安

F：保存方法表示 …… 保存する時に注意すること

G：製造者表示 ……… 製造している会社の名前や住所

1 基礎編

期 限 表 示

　食べ物には、おいしく安全に食べることができるように期限が決まっています。

　期限の表示方法には「消費期限」と「賞味期限」の2種類があります。

　「消費期限」は、生せん食品やお弁当、パン、サンドイッチなど、長い間保存ができないものに示されている期限です。安全に食べることができる期間が短いので、期限までに食べるようにしましょう。「賞味期限」は、かんづめやレトルト食品など長い間保存ができるものに表示されている期限です。おいしく食べることのできる期限を示しています。

　どちらの期限についても、保存方法が書かれていますので、そのとおりに保存していれば安全に食べることができます。

　練習中や試合中に体調をこわさないように、期限を過ぎていないかを確認することが必要です。また、期限を過ぎていなくても、開けたらできるだけ早いうちに食べるようにしましょう。

⑨ 食品の表示を見てみよう

「消費期限」「賞味期限」の違いは？

消費期限 ▶

◆期限を過ぎたら、食べない方がよい（期限までに食べるようにしましょう）。

◆長く保存ができないものに表示されています。

賞味期限 ▶

◆おいしく食べることができる期限のことです。

◆冷蔵や常温で保存ができるものに表示されています。

開けたら早めに食べましょう！

栄養成分表示

　市販の食べ物にどの栄養素がどのくらい入っているか表示したものを、栄養成分表示といいます。この表示によって食べ物の栄養の特ちょうを知ることができます。栄養成分表示には、エネルギーとたんぱく質、脂質、炭水化物、ナトリウム（食塩相当量）の4種類の栄養素が順番に表示されています。食べ物によっては、他の栄養素も表示されていることがあります。これらの栄養素の量は、食べ物1袋に入っている量で示されていたり、100gあたりで示されていたりします。

　どの栄養素が多く入っているのか、エネルギー量はどのくらいなのかなどを参考にして、食べるタイミングや量を考えるとよいでしょう。

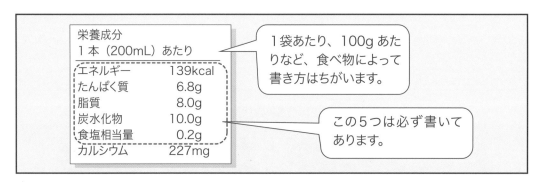

栄養成分 1本（200mL）あたり	
エネルギー	139kcal
たんぱく質	6.8g
脂質	8.0g
炭水化物	10.0g
食塩相当量	0.2g
カルシウム	227mg

1袋あたり、100gあたりなど、食べ物によって書き方はちがいます。

この5つは必ず書いてあります。

アレルギー表示

　食べ物が原因で、じんましんやはき気などの症状が出る「食物アレルギー」があります。食物アレルギーの原因となる成分が入っているのを知らずに食べてしまい、症状が出ては危ないので、食べ物にはアレルギーの原因になりやすい食品や重い症状が出る食品が使われているかどうかが表示されています。

　必ず表示されているのが、たまご・乳・小麦・そば・落花生（ピーナッツ）・えび・かにの7品目です。それ以外にも表示した方がよいとされている食品が21品目あります。

　食物アレルギーがある場合は、この表示を必ず確認して食べ物を選ぶようにしましょう。

必ず表示されているアレルギー表示
★えび　　★かに　　★小麦　　★そば
★たまご　★乳　　　★落花生（ピーナッツ）

表示した方がよいとされているもの
アーモンド、あわび、いか、いくら、オレンジ、カシューナッツ、キウイフルーツ、牛肉、くるみ、ごま、さけ、さば、大豆、鶏肉、バナナ、豚肉、まつたけ、もも、やまいも、りんご、ゼラチン

原材料表示の中に「○○を含む」「○○由来」と書かれていることが多いです。

---

1 基礎編

⑨ ワーク　見てみよう！　食品表示

練習や試合の時に食べる食べ物や飲み物の食品表示をはりつけてみましょう。

次に下の ①〜③を見つけて○で囲み、横にそれぞれ表示の種類(しゅるい)を書きましょう。

①消費期限か賞味期限　　②栄養成分表示　　③アレルギー表示

食べ物の名前【　　　　　　　　　　　　　　　　　　】

ここに表示をはりつけましょう

《食品表示を見てわかったことを書きましょう》

⑨ 食品の表示を見てみよう

39

⑩　サプリメントって何だろう？

　サプリメントとは英語で「追加する」「補う」という意味の言葉です。日本では「栄養補助食品」と呼ばれることもあります。サプリメントはあくまでも食事で足りない栄養を「補う」目的で食べたり飲んだりするものです。ここではどんな形（形態）か、成分による分類ではどんな種類があるか、どこに売っているか、どんな時に使用を考えるとよいか、サプリメントを使う時に気をつけることについて勉強しましょう。

スポーツ用のサプリメントの形（形態）

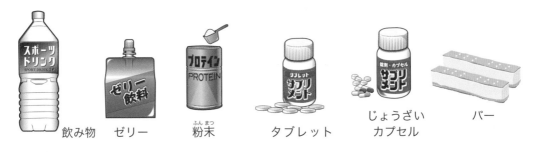

飲み物　　ゼリー　　粉末　　　　タブレット　　じょうざい　　　バー
　　　　　　　　　　　　　　　　　　　　　　　カプセル

スポーツ用サプリメントの成分による分類

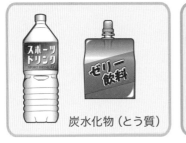

炭水化物（とう質）

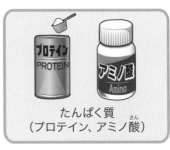

たんぱく質
（プロテイン、アミノ酸）

ビタミン

ミネラル
（鉄、カルシウムなど）

水分

スポーツ用のサプリメントが売られている所

・スポーツ用品店　　　　　・薬局

・スーパーマーケット　　　・コンビニエンスストア

・サプリメントショップ　　・インターネット　　など

ジュニアアスリートがサプリメントの使用を考える時

① **運動中の水分補給**…………暑い場所でのスポーツや汗をたくさんかいた時は、塩分、とう質をふくむスポーツドリンクを飲もう。

② **試合の前・中の栄養補給**……試合前はきん張して食欲がなくなってしまうことがあります。また、1日に何回も試合があり、休けい時間があまりなく、しっかり食事をとれない時があります。このような時には、試合で必要なとう質や水分をふくむゼリーなどが使えます。

サプリメントとドーピング

ドーピングとは競技能力を高めるために薬物などを使ったり、使ったことをかくしたりすることです。ドーピングはルールい反であり、ずるい行為です。また、これらの薬物は体にとても悪い影響をもたらすこともあります。ドーピングはアスリートが絶対にしてはいけない行為です。

サプリメントには禁止されている薬物が入っていることもあります。よくわからないものは口に入れないようにしましょう。

サプリメントをとれば強くなるわけではありません。ジュニアアスリートの体づくりや試合に向けて体調を整えるためには、まず食事をしっかりとることが大切です。

海外の製品には禁止されている薬物が入っていることがあります。インターネットや海外旅行先などで製品を買うことは絶対にしてはいけません。

⑩ ワーク　サプリメントを調べてみよう

お店に売られているサプリメントにはどんな種類があるかな？　サプリメントの箱や袋に書いてある食品表示を見ながら、次のチェック項目について確認してみよう。36ページの食品表示や38ページの栄養成分表示も参考にしよう！

●サプリメントの製品名

●形（形態）など

●多い栄養素

11 アスリートに多い貧血を予防しよう

貧血とは血液中にある赤血球が少なくなる病気のことです。人間の体は赤血球を使って酸素を全身に運んで生きています。スポーツをする時には普段よりも多くの酸素が必要です。

赤血球が少ない人は全身に多くの酸素を運ぶことができないため、体が酸素不足になって、頭がふらふらしたり、つかれやすくなったりして、スタミナや持久力が低下します。長きょり走など試合時間が長い競技ではよい記録が出ない、他の競技でも長時間の練習をこなすことができないなど、悪い影響が出てきます。

赤血球は**鉄**と**たんぱく質**でできています。ジュニア期は赤血球もたくさんつくられます。しかし、その材料が少ないと赤血球が増えにくくなり、貧血になりやすい時期です。食事に気をつけて貧血を予防しましょう。

貧血にならないための食事について知ろう

◇3食しっかり食べよう

貧血にならないためには5つのグループのそろった食事を3食しっかり食べ、エネルギーや栄養素をバランスよくとっていることが重要です。

鉄を多く含む食品を食べよう

ほうれん草
こまつな など

たまご

大豆製品

まぐろ、かつお
などの赤みの魚

レバー　　　赤身の肉　　　あさり

たんぱく質を多く含む食品を食べよう

肉

魚介類

とうふ
大豆製品

たまご

5つのグループでは主菜のお皿だね！

1 基礎編

貧血チェックをしてみよう！

あてはまるものにチェックをしてみましょう。

- ☐　立ちくらみ、めまいをよく起こす
- ☐　つかれやすい
- ☐　スタミナがない
- ☐　練習を長い時間続けられない
- ☐　朝、なかなか起きられない
- ☐　頭が痛い
- ☐　つめの色が白い
- ☐　手足が冷たい
- ☐　顔色が悪い

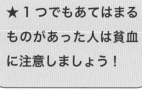

★１つでもあてはまる
ものがあった人は貧血
に注意しましょう！

⑪ ワーク　貧血にならないようにするために

(1) 鉄の多い食品を下のイラストの中から選んでみよう。

答え

(2) たんぱく質の多い食品を下のイラストの中から選んでみよう。

答え

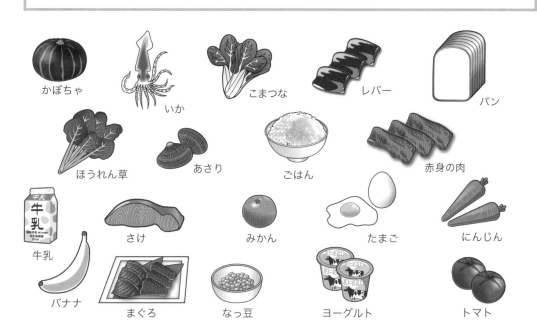

かぼちゃ　いか　こまつな　レバー　パン
ほうれん草　あさり　ごはん　赤身の肉
牛乳　さけ　みかん　たまご　にんじん
バナナ　まぐろ　なっ豆　ヨーグルト　トマト

⑫ 骨を強くしてけがをしない体をつくろう

アスリートはけがの危険といつもとなり合わせです。たとえば、野球ではデッドボールで速い球が体にあたる、ラグビーでは相手と強い力でぶつかったりタックルされたりする、体そうや新体そうでは高い所から着地をする時に大きな力が足にかかるなど、どんなスポーツでもけがをすることがあります。けがの中でも骨折は治るまでに長い時間がかかり、その間は練習ができなくなってしまいます。

骨折には、勢いよく転んだり高い所から落ちたりした時に起こる「骨折」と、毎日の練習でだんだんと骨にひびが入り、最終的に折れてしまう「疲労骨折」があります。毎日きちんと食事から栄養素をとり、強い骨をつくっておくと骨折を防ぐことができます。とくに「疲労骨折」の予防には食事が大切です。

ジュニア期は身長がのび、体重が増え、体が毎日成長しています。骨も毎日成長しています。骨は主に**カルシウム**と**たんぱく質**を材料にしてつくられます。それらは骨をつくる材料になる以外に、筋肉を動かす時にも使われます。そのため、カルシウムとたんぱく質を多くふくむ食品を知り、毎日の食事に取り入れるよう心がけましょう。

骨折を予防するための食事

◇**3食**しっかり食べよう：骨折しにくい体づくりをするためには5つのグループがそろった食事を3食しっかり食べ、エネルギーや栄養素をバランスよくとっていることが大切です。

◇**たんぱく質**の多い食品を食べよう：　毎食**主菜**を食べましょう

◇**カルシウム**の多い食品を食べよう：

乳製品

大豆製品

小魚

海そう

◇**適度**に**運動**しよう：　運動をする時に骨に力がかかることで、骨が強くなります。

◇適度に**太陽の日差し**を浴びよう：　太陽の日差しを浴びると、ビタミンDが体の中でつくられカルシウムの吸収がよくなります。

カルシウムが足りているかチェックしよう！

☐　牛乳がきらい
☐　よく骨折する
☐　魚がきらい
☐　つめが割れやすい

> １つでもあてはまるものが
> あった人は、カルシウム不
> 足に注意！

12 ワーク

次の問題の下に並んでいるひらがなの中から問題の答えを探しましょう。

(1)　カルシウムとたんぱく質が多くふくまれている、白い飲み物は何でしょう？

と	に	ひ	ぎ	い	ゅ	ほ	う	ゅ	な	う

答え ☐ ☐ ☐ ☐ ☐ ☐

> **ヒント**
> 答えの☐の数が
> 答えの文字数だよ

(2)　骨を強くするために必要な栄養素の名前は何でしょう？

む	か	し	た	ま	ぱ	く	う	き	る	ん

答え ☐ ☐ ☐ ☐ ☐

(3)　骨や筋肉、血液の材料になる食事のグループは何でしょう？

た	さ	ふ	い	く	し	だ	ゅ	の	さ	も

答え ☐ ☐ ☐ ☐

(4)　ネバネバしていて、カルシウムとたんぱく質を多くふくんでいる食べ物は何でしょう？

ら	い	め	っ	と	が	な	ゅ	う	な	も

答え ☐ ☐ ☐ ☐

(5)　カルシウムが多く、「しらす」「ししゃも」「いわし」などの種類がある食品の仲間は
　　何でしょう？

え	い	び	こ	た	な	さ	か	に	ざ	ま

答え ☐ ☐ ☐ ☐

⅓ ダイエットをするとなぜいけないの？

　アスリートの中には体重や体型を気にし過ぎて無理な
ダイエットをする人がいます。食事を制限し過ぎるよう
な間ちがったダイエットをしてスポーツを続けると、貧血
などになりやすく、競技力が上がらないばかりか、健康
をそこなうことになります。

　ジュニア期は体のさまざまな臓器をつくる大切な時期
で、身長がのび体重が増えるのは健康なことです。ジュニア期の減量はすすめられません。
しかし、体脂肪がとても多く、太り気味で体重を落とす必要がある時には、食事にかたよ
りがないか、おかしやあまい飲み物をとり過ぎていないかなど、食生活を見直すことが大
事です。

◆このようなダイエットはスポーツ選手にはすすめられません！

朝食を食べない

少ししか食べない

サラダ（生野菜）ばかり食べている

サプリメントだけで栄養をとろうとする

間ちがったダイエットをして、スポーツを続けるとどうなるでしょうか？

エネルギー切れで、ばてやすい

貧血になりやすい

骨が弱くなり、けがをしやすい

⑬ ワーク　ダイエットに関するクイズ

正しい文は○、まちがっている文には × をしてみましょう。何問正解できるかな？

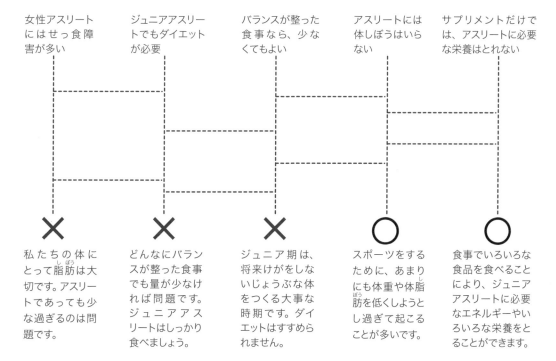

女性アスリートにはせっ食障害が多い

ジュニアアスリートでもダイエットが必要

バランスが整った食事なら、少なくてもよい

アスリートには体しぼうはいらない

サプリメントだけでは、アスリートに必要な栄養はとれない

✕　私たちの体にとって脂肪は大切です。アスリートであっても少な過ぎるのは問題です。

✕　どんなにバランスが整った食事でも量が少なければ問題です。ジュニアアスリートはしっかり食べましょう。

✕　ジュニア期は、将来けがをしないじょうぶな体をつくる大事な時期です。ダイエットはすすめられません。

○　スポーツをするために、あまりにも体重や体脂肪を低くしようとし過ぎて起こることが多いです。

○　食事でいろいろな食品を食べることにより、ジュニアアスリートに必要なエネルギーやいろいろな栄養をとることができます。

★せっ食障害とは

　体の病気がないにもかかわらず、食に関する行動に問題がある状態のことをせっ食障害といいます。せっ食障害には大きく分けて拒食症と過食症の2つがあります。拒食症は太ることをおそれ、自分の体型を太っていると思いこみ自分で食事を制限してしまうことです。過食症は、際限なく大量に食べた後、むりやり吐いたり薬による下痢を起こしたりを繰り返すことです。せっ食障害により体にはさまざまな症状が現れます。健康をそこなうだけでなく極端な場合、突然死やすいじゃく死になることもあります

　せっ食障害は男性よりも女性に多く、10代の人でもかかります。また、いっぱんの人よりもアスリートに多いことがわかっています。

食べないで運動はできないよ

⑭　体重管理のための食事のポイントを知ろう

　人には身長が高い・低い、体重が重い・軽いなどと、さまざまな体格の違いがあります。スポーツの種類によってはこれらの体格の違いが「勝ちやすさ」に関係する場合があります。そのため、じゅう道やレスリングなどのスポーツではさまざまな体格の人が平等に競い合えるように、体重別に試合を行います。

　スポーツを続けていくと、そのスポーツに合わせてできるだけ勝ちやすい体格になりたいと思う時がくるかもしれません。体重や筋肉量はしっかり練習をして食事のバランスを調節すれば管理することができます。しかし、健康的にスポーツを行っているジュニアアスリートは、無理やり体重を増やしたり、減らしたりする必要はありません。

エネルギーと体重の関係

生活や運動で消費するエネルギーよりも食事から摂取するエネルギーを多くして体重を増やすことを増量、反対に消費するエネルギーよりもせっ取するエネルギーを少なくして体重を減らすことを減量といいます。

体を大きくしたい（体重を増やしたい）時の食事のポイント

◇ 3食の食事を必ず食べる（欠食をしない）

◇ 5つのグループをそろえる（とくに、主食、主菜の量が少なくないか注意）

◇ 補食をとる

◇ 脂質も上手に取り入れる

体重を減らしたい時の食事のポイント

◇ むやみに体重を減らさない（体重が減るということは、エネルギーが足りない状態になっている）

◇ 3食の食事を必ず食べる（欠食をしない）

◇ 5つのグループをそろえる（主食も適度に食べ、主菜、副菜は減らさない）

◇ 脂質の少ない料理や食品を取り入れる

◇ お菓子やジュースのとりすぎに気をつける

⒁ ワーク　食品・料理のエネルギーに関するクイズ

エネルギーの多い食品・料理に〇をつけましょう。

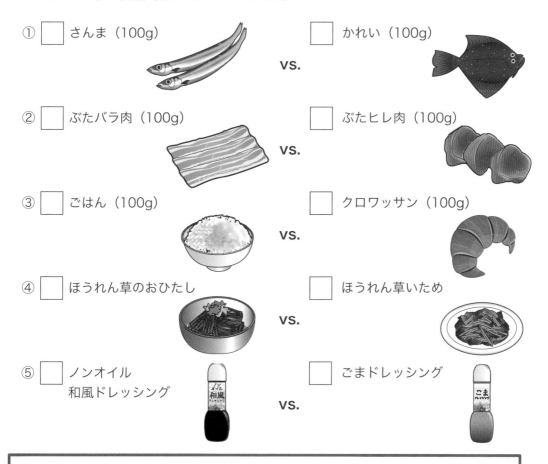

① ☐ さんま（100g）　vs.　☐ かれい（100g）

② ☐ ぶたバラ肉（100g）　vs.　☐ ぶたヒレ肉（100g）

③ ☐ ごはん（100g）　vs.　☐ クロワッサン（100g）

④ ☐ ほうれん草のおひたし　vs.　☐ ほうれん草いため

⑤ ☐ ノンオイル
和風ドレッシング　vs.　☐ ごまドレッシング

★体重で階級が決まっているスポーツの特殊な減量

　じゅう道、レスリング、ボクシングなどの体重で試合の出場階級が決まっているスポーツでは、試合前の短い期間の食事や水分をひかえる、サウナスーツを着て運動をするなどの方法で、急激に体重を減らすアスリートがいます。しかし、このような減量方法は、体重のうちの水分が多く減るので、バテやすい、足がつる、熱中症になる、スタミナがなくなる、筋肉が減る、不安な気持ちになるなど、体に悪い影響があり、とても危険です。過去には、脱水症状で亡くなっているアスリートもいます。

　また、極端に食事の量を減らすと、必要な栄養素が不足して、健康な体に成長できなくなる可能性もあります。大人の体になるまでは、体の成長に合わせた体重階級を選び、減量はさけるべきでしょう。

ワーク解答・解説

① ワーク1

食事は残さずしっかり食べる 　　**練習を一生けん命がんばる** 　　**すいみんをたっぷりとる**

※練習、すいみん、食事のどれもしっかり行い、しっかりとることがアスリートとして強くなるひけつです。みんなの生活を見直してみよう。

① ワーク2

① 体を動かすためのエネルギー源になる。

② 体をつくる材料になる。筋肉、骨、血液などの材料になる。

③ 体調・コンディションを整える。かぜをひかない元気な体になる。おなかの調子を整える。べんぴにならないようにする、など。

※ジュニアアスリートにとって食事が大切な理由です。覚えておきましょう。

② ワーク

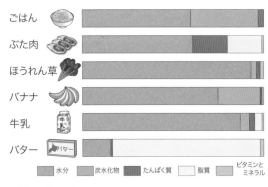

ごはん
ぶた肉
ほうれん草
バナナ
牛乳
バター

水分　　炭水化物　　たんぱく質　　脂質　　ビタミンと
　　　　　　　　　　　　　　　　　　　　　　ミネラル

色をぬってみると、それぞれの食べ物にたくさん含まれている栄養素がわかりますね。食べ物には、栄養素のほかに水分が含まれています。ビタミンやミネラルの量は、炭水化物やたんぱく質、脂質に比べると少ないですが、わたしたちにとってはとても大切な栄養素です。しっかりスポーツをするためには、すべての栄養素が必要です。

③ ワーク1

うどん→主食、**チーズ**→乳製品、**みかん**→果物 、**ほうれん草**→副菜、**たまご**→主菜、**いか**→主菜、**なっ豆**→主菜、**ハム**→主菜

※なっ豆は大豆からできているので主菜です。チーズは牛乳からできているので乳製品です。いかは魚介類なので主菜です。ハムはぶた肉からできているので主菜です。

③ ワーク2

ひじきのにもの→副菜、**とんじる**→主菜＋副菜、**親子どん**→主食＋主菜＋副菜、
ぶりの照り焼き→主菜、**野菜サラダ**→副菜

※ひじきは海そうの仲間です。海そうには、わかめ、こんぶなどもあります。親子どんは、とり肉とたまねぎなどを煮て、たまごでとじたものをごはんの上にのせた料理です。とんじるは、ぶた肉と野菜を使ったしる物です。

料理のグループを考える時にはどんな材料を使っているか考えます。ひとつの料理でいくつものグループに入るものもあります。それらはひとつの料理でも栄養のバランスがよいものです。たとえば、カレーライスも親子どんと同じようにいろいろなグループに入ります。また、冬によく食べるなべ料理はいろいろなグループに入る料理の代表です。

③ **ワーク3**

(1)　足りないグループ：　主菜、副菜、乳製品、果物

足す食品・料理の例：　たまご焼き、ソーセージ、かぼちゃのにもの、具がたっぷり入ったみそしる、ヨーグルト、果物、など

※ おにぎりはごはんでできているので主食です。お茶は5つのグループには入りません。

(2)　足りないグループ：　果物

足す食品・料理の例：　季節(き せつ)の果物

※（2）のイラストに果物を増(ふ)やしてももっと食べられる人は、食品や料理を増やすとよいでしょう。目玉焼きにハムやシーチキンをそえたり、野菜の入ったスープなどを加えてもよいでしょう。

③ **ワーク4**

　きのうの食事を思い出して、表をうめてみましょう。料理名や使っている材料がわからない時には、食事をつくってくれた人に聞いてみましょう。

④ **ワーク1**

ほうれん草のおひたし：［ イ ］（副菜）、**豆ふ**：［ ウ ］（主菜）、**スパゲティ**：［ ア ］（主食）、
すし：［ ア ］と［ ウ ］（主食と主菜）、**キウイ**：［ イ ］（果物(く だ もの)）、**牛乳**：［ ウ ］（乳製品）、
チョコレート：［ エ ］（その他）、**とりのからあげ**：［ ウ ］（主菜）、**焼き肉**：［ ウ ］（主菜）、
カレーライス：［ ア ］（主食）と［ イ ］（副菜）と［ ウ ］（主菜）、
フルーツヨーグルト：［ イ ］（果物）と［ ウ ］（乳製品）、**ポテトサラダ**：［ イ ］（副菜）

④ **ワーク2**

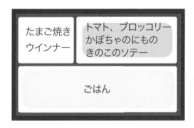

※乳製品(にゅうせいひん)と果物(く だ もの)も持参(じ さん)しましょう。

④ **ワーク3**

　ジュニアアスリートの食事の基本(き ほん)のグループと、それぞれのグループの量(りょう)、自分が食べられる量を考えて朝食のメニューを立てられたかな？　いつも食べている朝食と比べてどこか違ったかな？　自分で準備(じゅん び)できることがあれば、積極的(せっきょくてき)に手伝おう。

メニュー例 1　ごはん、なっ豆、青菜(あお な)入りたまご焼き、みそしる（じゃがいも、インゲン）、ヨーグルト（1カップ）、オレンジ（1/2個(こ)）

メニュー例 2　ジャムトースト2枚(まい)（8枚切り）、ハムエッグ（つけ合わせ：レタス、トマト、ブロッコリー）、野菜スープ（キャベツ、たまねぎ、にんじん）、牛乳(ぎゅうにゅう)、キウイ（1/2個）

5 ワーク1

メニュー	主食	主菜	副菜	乳製品	果物
カレーライス	○	○	○		
補食でとるグループ				◎	◎

5 ワーク2

メニュー	主食	主菜	副菜	乳製品	果物
①ごはん	○				
②みそしる			○		
③ぶた肉しょうが焼き		○			
④ほうれん草のおひたし			○		
⑤ヨーグルト				○	
⑥みかん					○

> ごはんを残した時
> **補食のグループ**
> 主食
> **補食でとる食べ物**
> おにぎり、サンドイッチ（主食であればOK）

5 ワーク3

メニュー	主食	主菜	副菜	乳製品	果物
補食1	○				○
補食2	○	○		○	○

> 補食1：おにぎり、サンドイッチ、スポーツドリンク、果物（バナナ、オレンジなどなんでもOK）

> 補食2：フルーツヨーグルト、ホットドッグ、おにぎり、スポーツドリンク

※補食でとる食べ物は、グループが合っていれば自分の食べやすいものでかまいません。

6 ワーク1

　油、バター、肉や魚のあぶら、油を多く使った食べ物（フライ、天ぷら、スナックがし、ケーキやクッキーなどの洋がし、カップラーメンなど）

6 ワーク2

(1) 50分間授業 75kcal：チーズ1個（50kcal）＋ほうれん草のおひたし（20kcal）、または目玉焼き（90kcal）、バナナ1本（90kcal）、オレンジジュース（90kcal）に同じくらいのエネルギーがふくまれています。

(2) テニス1時間 360kcal：サンドイッチ（350kcal）、ハンバーガー（360kcal）、肉じゃが（380kcal）が同じくらいのエネルギーです。また、おにぎり1個（170kcal）＋目玉焼き（90kcal）＋バナナ（90kcal）またはオレンジジュース（90kcal）＝350kcal でもよいでしょう。

(3) サッカー1時間 420kcal：チャーハン1人前（420kcal）のほか、ハンバーガー1個（360kal）＋チーズ1個（50kcal）＝410kcal、おにぎり1個（170kcal）＋さばのみそに（240kcal）＝410kcal でもよいでしょう。

(4) サッカー2時間 840kcal：ごはん1杯（230kcal）＋ぶた肉のしょうが焼き（290kcal）＋目玉焼き（90kcal）＋ほうれん草のおひたし（20kcal）＋バナナ1本（90kcal）＋牛乳1杯（120kcal）＝840kcal

※いろいろな組み合わせを考えてみましょう。自分のする運動で使うエネルギーと近いエネルギーを持つ食べ物は見つかったかな？

6 ワーク3　　　①、③、④、⑥、⑦

7 ワーク１

（1）運動前の体重 40kg＝40000g、（2）飲む前の飲み物の重さ 1000g

（3）運動後の体重 39.5kg＝39500g、（4）飲んだ後の飲み物の重さ 100g

ア　飲んだ飲み物の量　　　　（2）－（4）＝ **1000g－100g** ＝ア　900g

イ　スポーツ中にかいた汗の量　（1）＋ア＝**40000g＋900g** ＝（5）40900g

　　　　　　　　　　　　　　（5）－（3）＝ **40900g－39500g** ＝イ　1400g

◆ アとイを比べて、①または②だった人はしっかり水分をとることができていました。③だった人は水分が足りていませんでした。運動中にしっかり水分をとるように気をつけましょう。大切なのは、**運動の前と後で体重が変わらないように水分をとることです。**

7 ワーク２

（1）塩：汗の味はしょっぱい味がしますね。そのしょっぱい味は塩分が入っているということを表しています。

（2）水分、塩分、とう質：スポーツ中には汗をかくことによって水分、塩分が減り、体を動かすためのエネルギー（とう質）が減ります。

（3）スポーツドリンク：スポーツドリンクには運動中に減ってしまう水分、塩分、とう質が入っています。とくに汗をたくさんかく時や運動時間が長い時はスポーツドリンクを飲むようにしましょう。

7 ワーク３

（1）①：運動前の水分補給も大切です。

（2）②：運動中はこまめに水分補給を行いましょう。

（3）③：体重が変わらないように飲むのがよいです。

（4）水分、塩分、とう質：運動中に減ったものを補給しましょう。

9 ワーク

たとえばチーズ

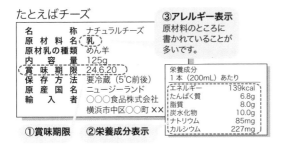

8 ワーク

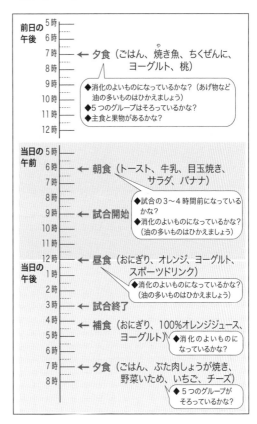

※表示にはたくさん食べ物の情報が書かれています。自分にとって必要な食べ物の情報を確認して選ぶようにしましょう。

・スポーツをする時に必要な栄養素が入っているか

・賞味期限の切れたものではないか

・アレルギーのある人は、自分のアレルギーになるものが入っていないか

⑩ ワーク

■サプリメントの箱や袋に書いてある表示の見方

製 品 名	：エネルギーゼリー
原材料名	：砂糖、ホエイタンパク、デキストリン、植物油、 　レモン果汁、脱脂粉乳、ゼラチン、寒天、酸味料、 　乳化剤、香料
賞味期限	：2025 年 1 月 1 日
保存方法	：高温多湿を避け、冷暗所に保存してください。

《栄養成分》
エネルギー　200Kcal　タンパク質　7.6g　脂質　4.4g
糖質　32.5g　ナトリウム　30mg

→ このサプリメントの製品名は「エネルギーゼリー」です。

→ 1 番多い栄養素は 32.5g のとう質です。

※形（形態）は実際に中身を観察したり、食べたりして確かめましょう。

⑪ ワーク

※貧血にならないようにするためには、たんぱく質と鉄を多くふくむ食品を食べるとよいです。

鉄：こまつな、レバー、ほうれん草、あさり、赤身の肉、たまご、まぐろ、なっ豆

たんぱく質：いか、レバー、あさり、赤身の肉、牛乳、さけ、たまご、まぐろ、
　　　　　　　なっ豆、ヨーグルト

⑫ ワーク

(1) ぎゅうにゅう（牛乳）：乳製品にはカルシウムとたんぱく質が多くふくまれています。

(2) かるしうむ（カルシウム）：骨を強くするためにはカルシウムとたんぱく質が必要です。

(3) しゅさい（主菜）：③で復習しましょう。

(4) なっとう（なっ豆）：なっ豆は大豆からできていて、カルシウムとたんぱく質がたくさんふくまれています。

(5) こざかな（小魚）：小魚にもカルシウムがたっぷりふくまれています。

⑭ ワーク

(1) さんま：さんま（100g）287kcal、かれい（100g）89kcal

(2) ぶたバラ肉：ぶたバラ肉（100g）366kcal、ぶたヒレ肉（100g）118kcal

(3) クロワッサン：ごはん（100g）：156kcal、クロワッサン（100g）：406kcal

(4) ほうれん草いため：ほうれん草のおひたし 1 人前（50g）12kcal、
　　ほうれん草いため 1 人前（50g）46kcal

(5) ごまドレッシング：ノンオイル和風ドレッシング 1 回分（25g）21kcal、
　　ごまドレッシング 1 回（25g）100kcal

※脂質が多い食品や油・バターを多く使った食品のエネルギーは高くなります。

2 実 習 編

① バイキング形式の食事の選び方

　国内や海外での合宿や試合では、宿泊先のホテルでバイキング形式の食事をとることが多いです。バイキング形式の食事とは、たくさん並んだ料理から自分で料理を選び、食べる分だけをとる食事です。

　バイキング形式の食事がとれるお店や料理の種類が多い場所で、ジュニアアスリート向きの食事のとり方を練習してみましょう。また、食事のマナーもいっしょに学びましょう。食事のマナーは、いっしょに食事をする人と気持ちよく過ごすためのルールです。正しい食事のマナーを身につけて、尊敬されるアスリートを目指しましょう！

① バイキング形式の食事の選び方

> **ポイント**　★ジュニアアスリート向きの５つのグループをそろえる
> 　　　　　　　★食事のマナーを守ろう

実　習

① 手洗いとうがい

　かぜの予防など、体調を管理するために大切です。おしぼりが用意されている時は利用しましょう。

② 同じテーブルになった人どうしで自己しょうかい

　楽しい食事の時間を過ごすために、同じテーブルになった人とあいさつをかわし、簡単な自己しょうかいをしあいましょう。自己しょうかいとは自分のことを知ってもらうことです。

　例：名前、住んでいる町、好きなスポーツ、好きな食べ物などを伝えてみましょう。自分の名前を使って文章をつくるなど工夫してもよいでしょう。

こんにちは！
×× から来ました○○です。

③ 料理をとる

　料理をとる前に出ている料理すべてを見ましょう。その後、自分の分を食べられる量だけとります。何度でもおかわりに行けるので一度にたくさんとる必要はありません。少しの量しかない料理は、自分だけたくさんとらないようにすることもマナーのひとつです。

④ **写真さつえい、料理のチェック**

　食べる前に自分が選んだ料理をチェックしましょう（57ページの記録表に書きましょう）。また、写真がとれるようであれば、写真に残しておき、後でふり返ってみましょう。

⑤ **食べよう**

　食事のマナーを守りながら楽しく食べましょう。よくかんで食べることも大切です。

⑥ **写真さつえい**

　食べ残していないかな。食べ終わった後も写真をとっておきましょう。

⑦ **かたづけ**

　後かたづけもしっかりしましょう。みんなで協力してかたづけましょう。

★**人と食事をする時にはマナーも大切です。食事のマナーをチェックしてみましょう。**

① 手洗い、またはおしぼりで手をふいてから食べますか？　　□はい　　□いいえ

② 食事の前には「いただきます」、後には「ごちそうさま」のあいさつをしますか？

　　　　　　　　　　　　　　　　　　　　　　　　　　　　□はい　　□いいえ

③ おはしの先はどちらに向けて置きますか？　　　　　　　□右　　　□左

④ ごはんのお茶わんは、おぼんのどちらに置きますか？　　□右側　　□左側

⑤ みそしるのおわんは、おぼんのどちらに置きますか？　　□右側　　□左側

⑥ バイキング形式の食事では、自分でとった料理をすべて食べた方がよいですか？

　　　　　　　　　　　　　　　　　　　　　　　　　　　　□はい　　□いいえ

⑦ おはしの正しい持ち方は次のうちどれでしょう？　　　□ ❶　　□ ❷　　□ ❸

❶　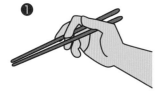　❷　❸

⑧ 食べた後はかたづけをしていますか？　　　　　　　　　□はい　　□いいえ

★**こたえ**：①はい、②はい、③左、④左側、⑤右側、⑥はい、⑦2、⑧はい

実　践　！

バイキング形式の食事をとることを想像して、下の料理で食事をそろえてみよう。

〈 バイキングのメニューまたは料理 〉

ごはん（お茶わん1ぱい）、スパゲティ（小皿1つ）、ハンバーグ（小さめ1つ）、ぶりの照り焼き（1切れ）、肉野菜いため（小皿1つ）、たまご焼き（1切れ）　サラダ：トマト（1切れ）、ブロッコリー（1口大）、きゅうり（1枚）、きゃべつ（1口大）、高野豆ふのにもの（1口大）、ほうれん草のごまあえ（1口大）、きんぴらごぼう（1口）、かぼちゃのソテー（1切れ）、わかめのみそしる（おわん1ぱい）、牛乳（コップ1ぱい）、ヨーグルト（1カップ）、チーズ（6P 1個）、オレンジ（1切れ）、バナナ（1/2 本）

★ とったメニューを分類してみよう（自分がとった料理を書きましょう）

1. 主食	2. 主菜	3. 副菜

4. 乳製品	5. 果物

次のことをチェックしよう !!

□選んだ料理は5つのグループがそろっていたかな？

　　主食、主菜、副菜、乳製品、果物のすべてをそろえると、栄養のバランスが整った食事になります。野菜は色のこいものと色のうすいものの両方をとるとよいでしょう。栄養のバランスがよい食事は、色とりどりできれいです。

□選んだ料理それぞれの量は考えましたか？

　　5つのグループのバランスは考えてとることができたかな？　好きな食べ物ばかり多くなって、苦手な食べ物が少なくなっていなかったかな？　また、自分が食べられる量を考えてとることができたかな？

□食事のマナーを守れたかな？

　　人と食事をする時にはマナーも大切です。バイキング形式の食事では残さず食べることもマナーです。

　試合や練習のための遠せいでは、体調をくずさないために食事にも気をつけることが大切です。運動量や自分の体調を見ながら、食べる内容と量を調節することができるように、ふだんの食事から考えて食べるようにしましょう。

· ·

　　※色のこい野菜に○をしてみましょう。

きゅうり　レタス　ほうれん草　きゃべつ　ブロッコリー　ピーマン　こまつな　たまねぎ　にんじん　だいこん　なす　ねぎ　ごぼう　トマト　かぼちゃ　アスパラガス

　色のこい野菜は、皮をむいた中の色も赤、緑、黄色などこい色がついているのが特ちょうです。病気にかかりにくくする働きをもち、鉄やカルシウムなど血や骨の材料になる成分も多くふくまれています。

　色のうすい野菜とは、皮をむいた中の色がうすいのが特ちょうです。腸の働きをよくする食物せんいやビタミンCが多くふくまれています。

───

★こたえ：ほうれん草、ブロッコリー、こまつな、かぼちゃ、にんじん、トマト、ピーマン、アスパラガス

② ジュニアアスリート向きの食事をつくってみよう

ジュニアアスリート向きの食事を思い出して、料理（りょうり）をつくってみましょう。

① こんだてを考える

ジュニアアスリート向きの食事がそろうようなこんだてを考えてみよう。5つのグループを思い出そう。

② つくり方を調べよう

家族の人に聞いたり、レシピ（つくり方）がのっている本を読み、つくり方を調べてみよう。

③ 材料（ざいりょう）を買いに行こう

料理に必要（ひつよう）な材料を買いに行こう。
つくるのは、考えたこんだての中のひとつだけでも、全部つくってもよいでしょう。

④ つくってみよう

家族の人といっしょにつくってみよう。包丁（ほうちょう）の使い方、材料の切り方、調理の方法を教えてもらいながらつくりましょう。
料理をする前や手がよごれた時には手洗（あら）いを忘（わす）れずにしましょう。

⑤ 盛（も）りつけて、写真をとろう

できた料理をお皿に盛りつけて、テーブルに並（なら）べましょう。写真をとって記録しておきましょう。

⑥ 食べよう

自分でつくった料理を食べてみよう。
おいしくできたかな？

⑦ 食事をふり返りましょう

つくった料理の写真を用紙にはり、感想を書きましょう。

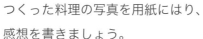

★こんだてを考えて、あてはまるグループに○をつけましょう。

メニュー	主食 しゅしょく	主菜 しゅさい	副菜 ふくさい	乳製品 にゅうせいひん	果物 くだもの

★買い物リストをつくろう‼
　つくるこんだての材料（ざいりょう）を書きましょう

メニュー		
材料		

★できた料理の写真をはろう!!

ここに写真をはろう

★感想を書こう!!

解　説

次のことをチェックしよう!!

□　**考えたこんだては5つのグループがそろっていたかな？**
　　　　・料理のグループがわからないものは
　　　　材料を見て、どのグループのものなのか考えよう。

□　**料理をする時は、安全にできたかな？**
　　　　・包丁や火を使う時には、十分に気をつけましょう。

□　**買い物をする時には、食品表示を見たかな？**
　　　　・食べ物を選ぶ時には、表示を見るようにしましょう。

□　**手洗い、服装など、清潔にできたかな？**
　　　　・安全な食べ物をつくるには、しっかり手洗いをして、清潔な服装
　　　　（エプロンをつけるなど）で調理を行うようにしましょう。

つくってみてどうだったかな？

　これまで学習した、ジュニアアスリート向きの食事を実際に考えてつくってみると、どんな材料で料理ができているのかわかったと思います。

　合宿や遠せいに行った時や大きくなって自分で食事をつくらなければいけない時など、料理をする機会も多くなってきます。

　自分に必要な栄養を考え、自分で食事を整えることができるように、料理をつくる練習をしておきましょう。

ステップアップ
スポーツ栄養

Step-Up to the Theories Sports Nutrition

3 スポーツ栄養の基礎を知る

① 栄養・食事の基本

● 1 スポーツにおける栄養・食事の役割

　運動はエネルギーを消費したり筋肉を鍛えたりする刺激となります。このため、運動後には適切な栄養を補給して、エネルギーを回復したり筋肉を合成したりする必要があります。運動中に水分やエネルギー源などが十分に補給されないと危険な場合すらあります。

　食べたり飲んだりするだけで運動能力が高まることはありません。栄養はトレーニングを質の高いものにし、その効果を確実に身につけるために必要です。トレーニングの質を高いものにするためには、トレーニング中の水分と炭水化物の補給が大切です。日々のトレーニングの効果を確実に身につけるためには、トレーニングで消費したエネルギーを回復するための炭水化物、発汗で失った水分や塩分、筋肉の合成・肥大のためのたんぱく質の補給が重要です。

　表1は国際オリンピック委員会（IOC）によるスポーツ栄養に関する声明です。ここで述べられている「多くの種類の普通の食品から必要なエネルギーを摂れば、練習や試合に必要な炭水化物、たんぱく質、脂質、そして微量栄養素が摂れる」ということが、スポーツ栄養の基本です。

　ジュニアアスリートが適切な栄養を摂取し食事をするためには、保護者や指導者が正しい知識を持ち指導・実践することが大切です。

■表1　スポーツ栄養に関する IOC の合意声明 2010

　食事は競技成績に大きく影響する。アスリートは精神的、身体的能力を最大限に発揮するために練習と試合の前、中、後に必要な栄養を摂るようにする。根拠に基づいた食事の量、質、タイミングに関する指針は練習効果を高めたり傷害を防止したりするのに役立つ。必要なエネルギー、栄養成分、水分やスポーツの特性に応じた練習時、試合時、そして回復時の栄養補給に関するスポーツ栄養の専門家の助言は役立つ。

　必要なエネルギー量はトレーニング量や試合予定、季節や日によって変化する。多くの種類の普通の食品から必要なエネルギーを摂れば、練習や試合に必要な炭水化物、たんぱく質、脂質、そして微量栄養素が摂れる。正しい食事によって、スポーツで勝つための望ましい体格や体組成が得られる。体調や運動能力に悪影響を及ぼすような栄養素の不足を防ぐために、栄養素の豊富な食品を注意深く選ぶことは、特に体重や体脂肪を減少するためにエネルギーを制限している時には重要である。

　高強度の特に長時間の練習中は練習に必要な量の炭水化物を摂り、試合や練習の間には炭水化物貯蔵を十分に回復させるようにする。たんぱく質は一般の人よりも多めに摂るようにするが、種々の食品で必要なエネルギーを摂っていれば、普通は必要量以上のたんぱく質が摂れる。良質のたんぱく質を含む

食品や間食を1日に摂るたんぱく質の一部として、特に運動後速やかにたんぱく質合成を最大に高めるのに十分な量を、筋肉や骨の維持や増大、損傷を受けた組織の回復のために摂るようにする。15〜25gの良質のたんぱく質を含む食品や飲料を練習後に摂ると、たんぱく質の合成を最大限に高める。

　1時間以上続く運動では体の炭水化物貯蔵量が必要量を満たすように、運動の数時間または数日前から炭水化物の豊富な食品を摂るようにする。運動中に少量でも炭水化物を摂ると、1時間続く競技中の認知機能と運動能力を高める。競技時間が長くなるにつれて運動機能を維持するために必要な炭水化物量も増える。3時間以上の運動で必要な多量の炭水化物（〜90g/時間）を摂るためには、日頃の練習で自分に適した摂り方を見つけておくようにし、吸収しやすく腹部不快感が起きないように2種以上の炭水化物を含むスポーツ食品や飲料を用いるようにする。脱水は重度の場合、特に高温下や高地では運動能力を低下させる。運動前に十分に給水しておき、運動中も脱水が体重の2%以下におさまるように給水する。暑いときは冷たいものが運動に好影響をもたらしうる。運動中に体重が増えるほど飲まないようにする。発汗が多く、特に運動が2時間以上続く場合はナトリウムが必要である。運動後の回復期の水分補給では汗で失われた水分と塩が必要である。

短期間にいくつもの試合がある場合、水分とエネルギーの回復を促進することが重要である。

エネルギー供給量が少なくならないようにする。運動能力やトレーニング効果を低下させたり、脳、生殖機能、代謝、免疫能、骨に悪影響を及ぼす恐れがあるためである。若いアスリートには減量はさせないようにする。免疫能を維持し感染リスクを減らすためには、種々の食品でエネルギーと微量栄養素を十分に摂り、睡眠を確保し、生活のストレスを減らす。アスリートは特にカルシウム、鉄、ビタミンDが摂れているか気をつけるべきだが、微量栄養素には大量摂取が危険なものがある。食行動異常や生理不順などの生殖機能異常の危険性のあるアスリートは専門家の診断、治療を受けるようにする。

サプリメントは食事を改善する方法としては十分ではないが、遠征などで必要な食品が入手できないような場合、短期間の必須栄養素の補給に利用でき

る。ビタミンDは日照が不十分な場合には補給が必要かもしれない。運動能力増強のための多くのものの中でごく少数のものは、専門家のもとで科学的根拠にしたがって使うと運動能力を高めることがあるかもしれない。サプリメントやスポーツ食品を利用しようとする時は効果や価格、健康や運動能力に対するリスク、ドーピングテストで陽性になる可能性についてよく考えるようにする。若いアスリートにはサプリメントは勧めないようにし、健康な体組成を維持しながら成長できるように、栄養素の豊富な食品をよく考えて選ぶことを意識させるようにする。

スポーツの恩恵にあずかるには、高いレベルで勝敗を競う場合もレクリエーションで体を動かす場合も、それぞれのための栄養によって、精神的、肉体的に最高の状態にしたり健康を維持したりすることができる。

● 2 　多くの種類の食品から適切なエネルギーを補給すること

1）多くの種類の食品を食べること

多くの種類の食品とは、主食・主菜・副菜・果物・乳製品の5つの食品のグループのことだと考えてください。必要な栄養素を摂るには、この5つのグループの食品を食べることが大切です。図1は、主食（飯）と主菜（鶏唐揚げ）だけの食事（図1左）に、副菜（五目ひじき、ほうれん草のおひたし）、果物（オレンジ）、乳製品（牛乳）を加える（図1右）と、栄養面で望ましくなることを示しています。このように、いろいろな食品を食べることが必要なすべての栄養素を摂るのに役立ちます。

図2と図3は一人暮らしの大学生がよく摂っている朝食を改善した例です。1日の必要エネルギーが3500kcalの人が1日に必要とする栄養成分の量に対して、それぞれの食品から摂れる割合を示しています。図1は1食分の目安量に対する割合（％）を表しているのに対して、図2と

■図1　主食、主菜、副菜、果物、乳製品をそろえることで、栄養バランスがよくなる

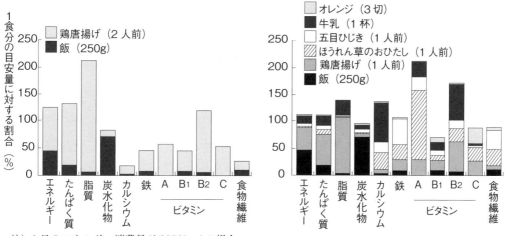

注）1日のエネルギー消費量が3000kcalの場合

（資料：国立スポーツ科学センター・スポーツ科学研究部 栄養グループ）

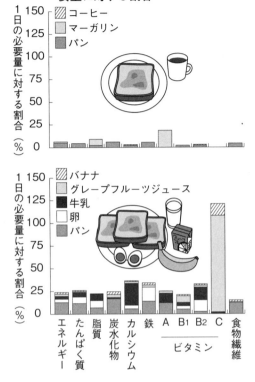

■図２ パンを主食とした場合の改善前後の食事から摂れる栄養成分の１日の必要量に対する割合

注）１日の必要エネルギーが 3500kcal の平均的な成人男子スポーツ選手の場合

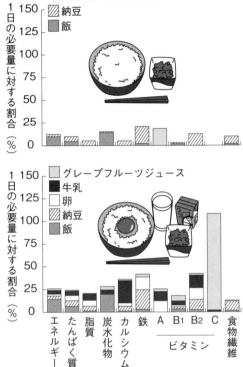

■図３ 飯を主食とした場合の改善前後の食事から摂れる栄養成分の１日の必要量に対する割合

注）１日の必要エネルギーが 3500kcal の平均的な成人男子スポーツ選手の場合

図３は１日の必要量に対する割合（％）を示していることに気をつけてください。

　身体活動レベルの高い子どもが１日に必要とするエネルギーは、10 ～ 11 歳の男子で 2500kcal、女子で 2250kcal、12 ～ 14 歳の男子で 2750kcal、女子で 2550kcal です。肉体労働やスポーツなどをしていない成人のエネルギー消費量は男性で 2650kcal、女性で 2000kcal ですから、子どものエネルギー必要量が多いことがわかります。

　「トースト１枚とコーヒー」（図２上）と「飯茶碗１杯と納豆」（図３上）は栄養学的に見て望ましいとはいえません。しかし、トーストの朝食ではトーストを３枚に増やし、ゆで卵、牛乳、柑橘類のジュース、バナナを加え（図２下）、飯朝食では飯の量を 1.5 倍にし、生卵、牛乳、柑橘類のジュースを加える（図３下）と十分な栄養成分を含んだものになります。これらの食事は表２のように、飯、みそ汁、焼き魚、目玉焼き、小鉢、サラダ、果物、牛乳からなる朝食と栄養面でほとんど同等です。主食を十分に食べ、卵、乳製品、果物を組み合わせることに大きな意味があります。

　改善後の食事のたんぱく質の４分の１から半分は主食からです。主食は、鉄などのその他の栄養素の供給源であることもわかります。主食の飯やパン、めん類は炭水化物しか含んでいないのでたくさん食べない方がよいというのは間違っています。主食の量が少な過ぎると、他の食品を組み合わせても栄養素のバランス調整が困難です。主食は十分な量を摂ることが必要です。この

■表2　改善後の食事の栄養成分の比較

				朝食必要量*
エネルギー、kcal	929	891	845	875
たんぱく質、g	37.3	30.6	33.4	32.8
脂質、g	27.2	19.4	22.1	24.3
炭水化物、g	133.2	144.5	130.8	131.3
カルシウム、mg	486	319	329	225
鉄、mg	5.1	3.2	2.6	1.9
ビタミンA、μgRE	1522	186	190	188
ビタミンB_1、mg	0.41	0.33	0.40	0.47
ビタミンB_2、mg	0.88	0.89	0.71	0.53
ビタミンC、mg	109	108	121	25
食物繊維、g	12.2	4.3	5.1	8.8

注）＊朝食必要量は1日の必要エネルギーが3500kcalの平均的な成人男子スポーツ選手の場合

食事からは、多くの種類の食品を食べなければ栄養素のバランスが悪くなるのではないかと不安を感じなくてもよいこともわかります。

　しかし、子どもたちが5つのグループの食品を摂ればよいことを知っていても、その食品がなければ食べることができません。ジュニアアスリートの食環境を整えるには、保護者や指導者が気をつける必要があります。果物と乳製品は補食（間食）として摂ることもできます。果物と乳製品はいつでも食べられるように、家庭や合宿所などに常備しておくとよいでしょう。また、食の細い子どもには補食を摂らせたり、偏食のある子どもにはいろいろな食品を食べることが大切なことを理解させるとともに、嫌いなものでも工夫して食べさせたりすることが重要です。

2）適切なエネルギーを補給すること

　食事のエネルギーとは食事の量と言い換えることができます。5つのグループの食品を食べることで栄養素のバランスを整えることはできます。しかし、食事量が十分でないと栄養素のバランスが整っていても、それぞれの栄養素の「量」が不足します。適切なエネルギーを補給できる量の食事を食べていれば、栄養素も必要な量が摂れます。

　摂取しているエネルギーが適切かどうかは、体重や体脂肪率の変化から知ることができます。エネルギーが適切なら成人では体重や体脂肪率は変化しません。一方、成長期では体重は増えても体脂肪率が増え過ぎなければ、エネルギーは適切です。

　摂取したたんぱく質が筋肉に合成されるためにはエネルギーが必要です。エネルギーが不足していると、摂取したたんぱく質はエネルギー源として消費されてしまい、体づくりに利用されません。エネルギーが不足しないようにするためには、十分な食事量を摂ることが必要です。運動するとエネルギー消費量が増えるので、その分、必要なエネルギーを摂るために食事量を増やす必要があります。

② 普段の栄養・食事

● 1　食品の栄養素の特徴

　栄養素は、体の構成成分となるたんぱく質とエネルギー源になる炭水化物と脂質の三大栄養素、そして三大栄養素がそれぞれの用途に利用されるために必要なビタミンとミネラルを加えて五大栄養素といいます。脂質は中性脂肪やコレステロール、リン脂質などに分類されます。このうちエネルギー源として重要なのは中性脂肪です。中性脂肪のことを脂肪といいます。ミネラルには体の構成成分になるものもあります。

　食品には含まれている栄養素の種類や量に特徴があります。和食は主食、主菜、副菜で構成されています。主食は炭水化物、主菜はたんぱく質、副菜はビタミンやミネラルを豊富に含んでいるといえます。しかし、その他の栄養素を含んでいないというわけではありません。

　図4は、いくつかの食品の1回に摂取する目安量あたりの栄養成分です。多くの食品で最も多いのは水分です。 飯や食パンは炭水化物を多く含んでいますが、たんぱく質もウインナーソーセージや鶏卵と同じくらい含んでいます。飯やパンなどの主食はたんぱく質が豊富な食品とはいえませんが、食べる量が多いので、主食から摂っているたんぱく質の量は多くなるのです。

　和食は、飯などの主食、肉、魚介、卵、大豆食品などの主菜、そして野菜、海藻、きのこなどの副菜に分けることができます。図5のように主食：主菜：副菜の比率を3：1：2とし、これに果物と乳製品を加えることで栄養素のバランスが良好になります。

● 2　食事の量とエネルギー

　エネルギー必要量は、体の大きさやどのくらい体を動かしているかによって異なります。スポーツのトレーニングでは、運動の強度が高く時間が長いとエネルギー必要量は多くなります。一方、運動の強度が低く時間が短い場合にはエネルギー必要量は少なくなります。

■図4　1回に摂取する目安量あたりの各食品の成分

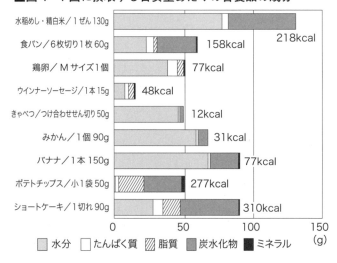

■図5 主食3：主菜1：副菜2の 弁当のエネルギーと三大栄養素含量

弁当箱の容量	1070mL
飯（主食）	327g
豚焼肉（主菜）	95g
野菜炒め（副菜）	142g
エネルギー	817kcal
たんぱく質	28g（13%*）
炭水化物	132g（65%）
脂質	17g（19%）

注）＊エネルギー比

■表3　体重50kgの人が必要なエネルギーを摂取するために必要な図5の弁当の数と摂取できる三大栄養素の量

必要なエネルギー kcal	図5の弁当の個数	たんぱく質		炭水化物		脂質	
		g	g/kg 体重	g	g/kg 体重	g	g/kg 体重
1600	2	54	1.1	259	5.2	33	0.7
2000	2.4	67	1.3	323	6.5	42	0.8
2500	3.1	84	1.7	404	8.1	52	1.0
3000	3.7	101	2.0	485	9.7	62	1.2
3500	4.3	118	2.4	565	11.3	73	1.5
4000	4.9	135	2.7	646	12.9	83	1.7
4500	5.5	151	3.0	727	14.5	94	1.9
5000	6.1	168	3.4	808	16.2	104	2.1

　食事のエネルギー量を知るには弁当箱を用いた方法が役立ちます。主食：主菜：副菜の比率を3：1：2にすると栄養素のバランスは良好になります。しかし、食事では栄養素のバランスだけでなくエネルギー量を十分に摂ることが重要です。上述のバランスで弁当箱に食品を詰めると、弁当箱の容量（mL）からおよそのエネルギー量を知ることができます。500mLの弁当箱なら約500kcal、1000mLの弁当箱なら約1000kcalです。

　図5の弁当は主食：主菜：副菜が3：1：2の例です。この弁当は主菜と副菜の脂質が少なめなので、弁当箱の大きさのわりにエネルギーは少なくなっています。おかずを天ぷらやフライなど脂質の多いものにすればエネルギー量は増えます。

　表3は、体重50kgの人が必要なエネルギーを摂取するために、この弁当をいくつ食べる必要があるかと、摂取できる三大栄養素の量を示しています。12〜14歳の平均体重は男子が48.0kg、女子が46.0kgで、スポーツをしている中学生の必要なエネルギー摂取量は3000〜3500kcalです（後掲表4）。3000kcalを摂取するためには、この弁当を4つ食べる必要があります。それだけ食べると体重1kgあたりたんぱく質は2.0g、炭水化物は9.7g摂ることができます。この量はアスリートとして十分です。このように、主食：主菜：副菜の比率を3：1：2の食事にして必要なエネルギーを摂取していれば必要な栄養成分が摂れます。

●3　エネルギー密度

　食品のエネルギー量は食品の成分の種類と量によって異なります。ポテトチップスやショートケーキのエネルギーが多いのは水分が少なく脂質が多いためです（図4）。

　食品の重量あたりのエネルギー量をエネルギー密度といいます。少量でエネルギーの多い食品はエネルギー密度が高いといいます。みかんとショートケーキはどちらも1個の重量は90g（図4）ですが、エネルギーはみかんが31kcalなのに対してショートケーキは310kcalと10倍も多いのです。水分がみかんは87.4％なのに対してショートケーキは31.0％と少ないためです。自然の食品は水分量が多い傾向があります。水分にはエネルギーはないので、満腹するまで食べた時のエネルギー摂取量は、水分の少ない食品を食べた場合よりも少なくなります。たくさん食べられなくて体重を増やそうとしても増えにくい人はエネルギー密度の高い食品を摂るようにし、逆に体重が増えやすい人はエネルギー密度の低い食品を摂るとよいでしょう。

● 4　朝食と間食

　69ページで述べたように1000mLの食事はおよそ1000kcalです。満腹の胃の容積は成人では1200〜1400mLなので、成人では3食を満腹になるまで食べると食べ過ぎになることがあります。一方、ジュニアアスリートのエネルギー必要量は表4のように3500kcal前後です。つまり、1日に3500mLの食事を食べる必要があるということです。子どもは大人よりも胃の容積が小さいので、これだけの量の食事を食べるためには3食のほかに補食（間食）が必要ということになります。朝食抜きでは1日に必要な量が摂れないことはいうまでもありません。補食にはたんぱく質・ビタミン・ミネラルを豊富に含む果物・乳製品、食事の代わりになる食品が望ましいといえます。おにぎりやパン、牛乳やヨーグルト、果物を子どもが自分で選択して食べられるように用意しておくとよいでしょう。

● 5　炭水化物を十分に摂る

　人の主要なエネルギー源は炭水化物と脂肪です。炭水化物はグリコーゲンとして筋肉や肝臓に貯蔵されています。脂肪は体脂肪として貯蔵されています。かなりやせている人でも脂肪は簡単になくなることがないほど貯蔵量が多いのに対して、炭水化物の貯蔵量は少なく、日常のトレーニングでかなり減少します（図6）。

　減少したグリコーゲンの回復には炭水化物を摂取することが必要です。図6のように炭水化物をきちんと含んだ高炭水化物食を摂ると翌日のトレーニングまでに回復するのに対して、炭水化物の少ない低炭水化物食では十分に回復しません。飯を主食とする伝統的な和食では炭水化物を十分に摂れます。炭水化物の豊富な主食を十分に摂らなければならないのはこのためです。一方、肉と野菜はたくさん食べても主食をあまり食べないような食事は低炭水化物であり、グリコーゲンをきちんと回復させることができません。

　運動後は、早めに体重1kgあたり1gの炭水化物を摂ります。炭水化物はアスリートでは1日・体重1kgあたりおよそ6g以上は必要です。練習や試合でのエネルギー消費量の多い、陸上競技の長距離種目などでは、さらに必要量が増えます。

　運動後のグリコーゲンの速やかな回復のためには、体重が35kgの子どもは運動後早めに35gの炭水化物が必要で、この量はおにぎり1個分に相当します。1日あたりのグリコーゲン回復に必要な体重1kgあたり6gの炭水化物は、体重35kgの子どもの場合210gで、おにぎりだけで1日分の炭水化物を摂るとすると6個分に相当します。

　食が細くてたくさん食べられない子ども

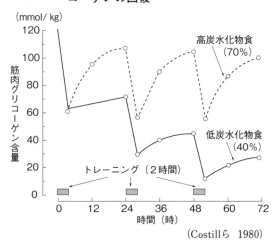

■図6　高炭水化物食の摂食による筋肉グリコーゲンの回復

(Costillら　1980)

には、いも類を献立に加えたり、サラダやスープにマカロニなどを入れたりして、主食以外からも炭水化物が摂れるように工夫することができます。

● 6　たんぱく質はたくさん摂るほどよいわけではない

　たんぱく質は摂取量が多ければ多いほど筋肉合成（体たんぱく質合成）に有効なわけではありません。図7のように、筋力トレーニングを行いながらたんぱく質の摂取量を一般の人の必要量である1日・体重1kgあたり0.86gから1.4gへ増加すると、体たんぱく質合成が高まりますが、2.4gへ増加しても体たんぱく質合成がさらに高まることはなく、エネルギー源として消費されたことを示す酸化が増加します。このため、体たんぱく質合成に効果的なたんぱく質摂取量は1日・体重1kgあたり2g程度が上限とされています。この量のたんぱく質は、図5に示されている食事で必要なエネルギーを補給すれば無理なく摂ることができます。

　たんぱく質の質の良否は、食品中の必須アミノ酸（食品から摂る必要のあるアミノ酸）の量を人が必要とする量と比較した値であるアミノ酸スコアで示します。アミノ酸スコアが高いほど良質です。図8は人が必要とする必須アミノ酸の量を100として、鶏卵と精白米の必須アミノ酸の含量を示したものです。精白米にはリジンが少ないので（図8）、食

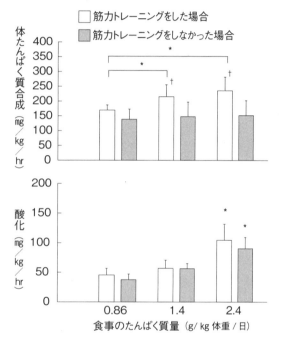

■図7　食事のたんぱく質量と運動が体たんぱく質合成および酸化に及ぼす影響

（注＊ P ＜ 0.05、＋P ＜ 0.05 筋力トレーニングをしなかった場合に対して）

（Tarnopolsky ら 1992）

■図8　鶏卵と精白米のアミノ酸スコア

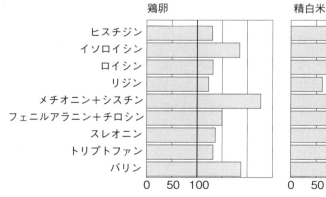

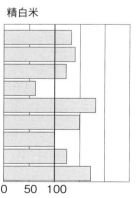

2 普段の栄養・食事

71

事ではアミノ酸スコアの高い鶏卵など
を一緒に食べることで少ないアミノ酸
を補っています（図9）。いろいろな
食品を摂ることが大切な一例です。

　たんぱく質は、炭水化物の摂取量が
少な過ぎてエネルギーが不足した場
合、エネルギー源として消費されます。
このため、体たんぱく質合成にはエネ
ルギーが充足していることが必要で
す。

　たんぱく質は炭水化物とともに摂取
すると、体たんぱく質合成に利用され

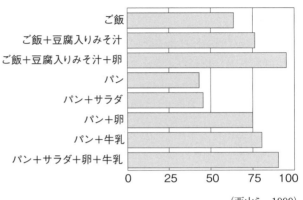

■図9　主食に主菜、副菜などを加えることによる
　　　　アミノ酸スコアの改善

(西山ら　1999)

やすいと考えられています。炭水化物が吸収されて血糖値が上昇するとインスリンというホルモ
ンが分泌されます。インスリンは血糖の筋肉などへの取り込みを刺激することで血糖値を低下さ
せるとともに、体たんぱく質の合成を刺激し分解を抑制します。このため、たんぱく質を炭水化
物とともに摂取すると、摂取したたんぱく質の体たんぱく質への合成が促進されます。

●7　運動後の栄養補給は早めに

　図10のように、たんぱく質は運動後早めに摂取することが筋肉たんぱく質合成を促進するた
めに効果的です。運動後は①筋肉への血流量が増大しているため筋肉たんぱく質の材料となるア
ミノ酸の供給量が増えること、②筋肉たんぱく質の合成を促進するとともに分解を抑制するイン
スリンに対する、筋肉の感受性が高まっていることが、その理由と考えられています。

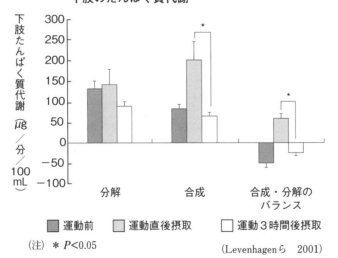

■図10　運動直後あるいは3時間後に栄養摂取した時の
　　　　下肢のたんぱく質代謝

(注) ＊ P<0.05

(Levenhagenら　2001)

③ エネルギーと体重管理

● 1 エネルギー消費量

エネルギー消費量には体格・年齢・性別・生活様式が影響します。エネルギー消費量は、4編 ①「エネルギー消費量（要因加算法）」の方法で計算できます。

成長期のエネルギー必要量は体の大きさのわりに多く、生涯で最もエネルギー必要量が多いのは男子では15〜17歳、女子では12〜14歳です（4編、表9）。成長期には生活のために必要なエネルギーのほかに筋肉や内臓、骨などをつくるためにエネルギーが消費されます。このため、成長期のエネルギー消費量は多くなります。

表4は、1日に2時間のサッカーの練習をしている10〜11歳の男子と女子のエネルギー消費量です。1日の総エネルギー消費量は、男子で3372kcal、女子で3232kcalです。12〜14歳の子どもが同じ生活をした場合を計算すると、男子は3818kcal、女子は3543kcalになります。66ページで述べたように、特別にスポーツをしていない成人の標準的なエネルギー消費量は男性で2650kcal、女性で2000kcalです。ジュニアアスリートに必要なエネルギーが多いことがわかります。

■表4　10〜11歳のエネルギー消費量

				男 子	女 子
参照体重（kg）				35.6	36.3
基礎代謝量（kcal/kg体重/日）				37.4	34.8
1分間あたりの基礎代謝量（kcal/分）				0.92	0.88
1分間あたりの安静時代謝量（kcal/分）				1.01	0.97
時 刻	所要時間（分）	日常生活活動の種類	メッツ	エネルギー消費量（kcal）	エネルギー消費量（kcal）
7：00		起床			
7：00− 7：30	30	身の回りのこと	2.0	61	58
7：30− 8：00	30	朝食	1.5	45	44
8：00− 8：30	30	通学（徒歩）	4.0	121	116
8：30−12：00	210	授業	1.8	382	367
12：00−12：20	20	昼食	1.5	30	29
12：20−13：00	40	運動場で遊ぶ	5.8	234	225
13：00−15：00	120	授業	1.8	218	210
15：00−17：00	120	サッカー	7.0	848	815
17：00−17：30	30	通学（徒歩）	4.0	121	116
17：30−18：00	30	身の回りのこと	2.0	61	58
18：00−19：00	60	宿題	1.8	109	105
19：00−19：30	30	夕食	1.5	45	44
19：30−21：00	90	テレビ	1.3	118	113
21：00− 7：00	600	睡眠	1.0	606	582
合計	1440			2999	2882
食事誘発性体熱産生を考慮するために0.9で除する				3332	3202
組織増加分のエネルギー蓄積量				40	30
総エネルギー消費量				3372	3232

③ エネルギーと体重管理

● 2 エネルギー摂取量

　エネルギー源となることのできる栄養素は炭水化物、脂肪、たんぱく質です。このうち主なエネルギー源は炭水化物と脂肪です。ビタミン、ミネラル、水にはエネルギーはありません。このため、食品のエネルギーはたんぱく質、炭水化物、脂肪の含量から知ることができます。

　たんぱく質と炭水化物は 1 g あたり 4 kcal、脂肪は 1 g あたり 9 kcal です。100mL 中に 10g の炭水化物を含む飲料だと 500mL に 50g の炭水化物を含んでいるので、500mL で 200kcal になります。食事のエネルギー計算の方法は 4 編 ② 「栄養成分の摂取量」でまとめられています。

● 3 エネルギーバランス

　体重はエネルギーの消費量と摂取量のバランスによって決まります。エネルギーとして消費されなかった炭水化物や、体たんぱく質合成などに利用されなかったたんぱく質は体内で脂肪に変換されて蓄積します。蓄積した脂肪はエネルギー源として消費するしかありません。このように炭水化物でもたんぱく質でも、摂取したエネルギーが消費したエネルギーよりも多い状態が続くと体脂肪として蓄積されて太ります。逆に摂取エネルギーが消費エネルギーよりも少ない状態が続くとやせます。

　表 4 は練習のある日のエネルギー消費量ですが、練習のない日のエネルギー消費量は、ほぼ練習で消費しているエネルギーだけ少なくなります。練習のない日の 15：00〜17：00 にテレビを見ているとすると、この 2 時間のエネルギー消費量は男子で 158kcal、女子で 151kcal になります。1 日のエネルギー消費量は、男子は 2607kcal、女子は 2495kcal に減ります。オフシーズンで運動量が減っているのにシーズン中と同じように食べていると太るのは、エネルギー消費量が減っているからです。引退後に太るのも同じ理由によります。

　脂肪組織は 1 kg あたり約 7000kcal です。したがって、7000kcal のエネルギーが余剰になると 1 kg の脂肪組織が蓄積し、体重が 1 kg 増えることになります。体重が減少する場合は逆の計算が成り立ちます。7000kcal のエネルギーを不足させると体脂肪が 1 kg 減ることになります。体重や体脂肪率の管理にはエネルギーの消費量と摂取量を知ることが役立ちます。

● 4 体 組 成

　体重は脂肪組織重量と筋肉・内臓・骨などの除脂肪組織重量に分けられます。筋肉が多く脂肪組織が少ないアスリートは身長のわりに体重が重いことがあります。一般の成人の体脂肪率は男性で 16 ％前後、女性で 27 ％前後です。これに対してアスリートの体脂肪率は男性は 12 ％前後、女性は 18 ％前後です。体重が重いだけで太っているとはいえないことがわかります。

　望ましい体重や体脂肪率には個人差があります。無理な食事制限などをしなくても維持でき、健康上の問題がない時の体重や体脂肪率が、その人にとって望ましいものと考えられます。

　中年太りは図 11 のように、加齢につれて筋肉以外でのエネルギー消費量は減少しないのに全身のエネルギー消費量が減少することから、中年以降に筋肉が減少するためと考えられます。中年太りを避けるため生活にスポーツ活動などを取り入れ、筋肉量を減らさないことが効果的です。

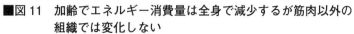

■図11　加齢でエネルギー消費量は全身で減少するが筋肉以外の
　　　　組織では変化しない

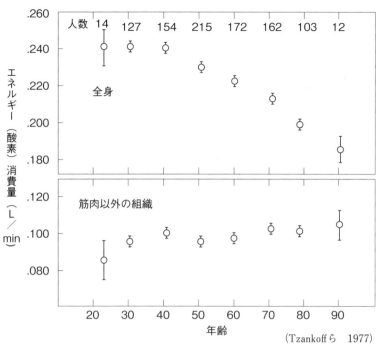

（Tzankoffら　1977）

④ 水 分 補 給

●1　体重減少量が失われた水分量

　運動による体重減少量が、発汗で体から減少した水分量です。体水分が減ったままだと体温が上昇しやすくなって、疲労や熱中症の原因となります。運動中は体重の減少が２％以内におさまるように水分を補給します。体重50kgの人が49kgに減少したら２％の減少で水分が１L減少しています。

　喉の渇きは水分補給の目安として適当ではなく、欲しいだけ飲んでも減少した水分を回復できないことがわかっています。水分が十分に補給されたかどうかは、体重が運動前の状態に回復していることのほかに尿の色で知ることができます。尿の色は、脱水していたら濃いものが、回復すると透明に近くなります。１編 ⑦「スポーツをする時の水分のとり方」に尿の色についての説明があるので参考にしてください。

　水中運動では発汗を感じにくいですが、長時間の場合は水分補給に留意することが必要です。

●2　塩が必要な理由

　スポーツドリンクには食塩（塩化ナトリウム）が含まれています。汗で失われた塩を補給するためです。血液にはナトリウムなどが含まれていて、血中ナトリウム濃度は浸透圧を維持するため厳密に維持されています。

　図12のように、発汗で血液の水分とナトリウムが減少します。ナトリウムを含まない飲料を飲むと血液の水分は増加しますがナトリウムは増加せず、ナトリウム濃度が低下し浸透圧が低下します（低ナトリウム血症）。低ナトリウム血症は重篤な場合は意識がなくなったり死亡したりすることがあります。このため、無意識のうちに人は飲水しないようになります。さらに、余分な水分を尿として排泄して低ナトリウム血症を防止します。体に備わったこの仕組みを「自発的

■図12　自発的脱水。血液の浸透圧を維持するための仕組み

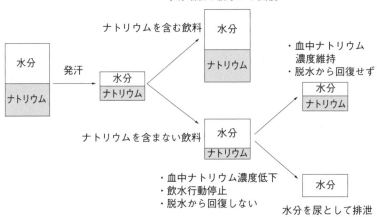

脱水」と呼びます。

　一方、ナトリウムを含む飲料を摂取すると水分とナトリウムの両方が補給されるので、浸透圧が低下することなく血液量が増えて脱水から回復します。食塩濃度は 0.2% 程度が望ましいとされています。しかし、飲料はおいしく飲めることも重要です。このため、ほとんどの市販のスポーツドリンクの食塩濃度は「自発的脱水」を防止しつつおいしく飲めるように 0.1% 前後に調製されています。

　市販飲料では食塩濃度ではなくナトリウム濃度で表示されているのが一般的です。0.1% の食塩はナトリウム濃度では 38mg/100g、0.2% は 76mg/100g です。ミネラルウォーターやお茶にもナトリウムは含まれています。しかし、量が少ないため「自発的脱水」を防止する効果は期待できません。

● 3　炭水化物（糖質）が必要な理由

　運動するとエネルギー源として炭水化物の消費量が増えます。炭水化物は吸収されると血糖になります。炭水化物を補給しないで長時間の運動をすると、血糖値が低下してきます。血糖は脳のエネルギー源でもあるので、血糖値を低下させてはいけません。このため、スポーツドリンクには炭水化物が含まれています。

　運動中は 1 時間あたり 30 〜 60g の炭水化物を摂取すると血糖値の低下を防ぐことができます。一方、水分の必要量は発汗量によりますが 1 時間あたり 600 〜 1000mL です。表 5 のように、網がけで示した量の炭水化物濃度が 4 〜 8% の飲料を摂取すると、1 時間あたりに必要な炭水化物と水分を補給できます。スポーツドリンクの炭水化物濃度が 5 〜 6% なのはこのためです。

　炭水化物濃度が 8% を超えると吸収が遅くなります。ソフトドリンクの炭水化物濃度は 10% 前後でスポーツドリンクの約 2 倍です。

■表 5　1 時間あたりの飲料の飲用量および炭水化物補給量と飲料の炭水化物濃度の関係

1 時間あたりの炭水化物補給量

飲料の炭水化物濃度	30g	40g	50g	60g
2%	1500mL	2000	2500	3000
4%	750	1000	1250	1500
6%	500	667	833	1000
8%	375	500	625	750
10%	300	400	500	600
15%	200	267	333	400
20%	150	200	250	300
25%	120	160	200	240
50%	60	80	100	120

(Coyle ら　1992)

● 4　補給方法

　一度に大量に飲むのではなくこまめに飲み、運動中の体重減少が 2% 以内になるようにします。体重が 40kg の場合、2% は 0.8kg ですから、運動中に体重が 39.2kg になったら体重が 2% 減少したことになります。

運動中に補給する水分量は、水分補給しにくい環境では減少します。練習や試合では飲料を用意しておいたり、水筒などで飲料を持参するようにします。チーム練習などで子どもたちが自由に飲料を摂れない場合は、給水のための時間を設けるようにするとよいでしょう。

　運動中に体重が増えたら水分の摂り過ぎです。発汗量以上の水分を摂ったためだと考えられ低ナトリウム血症の危険性が増します。

5 試合時の栄養・食事

　試合時の栄養・食事については試合時に体調が悪くなったりすることのないように、普段の練習などで試しておくことが大切です。例えば、食べた物が胃から腸への移行を完了するように、試合の3時間くらい前までには食べておくことが勧められています。しかし、3時間前までなら何をいくらでも食べてよいというわけではありません。

● 1　試　合　前

1）炭水化物

　エネルギー源の血糖やグリコーゲンが不足することが疲労困憊の原因になります。図13のように、運動前の筋肉グリコーゲン貯蔵量が多いほど、疲労困憊するまでの時間が延長します。グリコーゲンは炭水化物から合成されるので、試合前には炭水化物を十分に摂っておくことが大切です。

2）グリコーゲンローディング

　マラソンのような持久的な種目では、グリコーゲン貯蔵量を増やすためにグリコーゲンローディングと呼ばれる食事法が用いられることがあります。グリコーゲンローディングでは、試合の3日ほど前から炭水化物摂取量を通常の1.5倍程度に増やします。グリコーゲンローディングは運動が60～90分以上にわたって継続し、運動中に炭水化物を摂れないような場合に用いるとよいとされています。

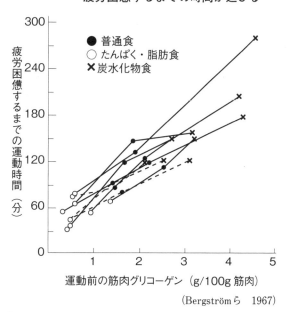

■図13　運動前の筋肉グリコーゲン量が多いと疲労困憊するまでの時間が延びる

（Bergströmら　1967）

3）水　　　分

　250～500mLの水分を摂っておきます。試合の始まるどのくらい前までに、どのくらい摂取したら体調が悪くならないかを、普段の練習などで試しておくようにします。

● 2　試　合　中

　血糖やグリコーゲンの不足や、水分不足による体温の上昇が疲労の原因になります。

　図14のように、運動中に炭水化物を補給すると血中ブドウ糖濃度を維持して4時間まで運動できたのに対して、炭水化物の偽薬（エネルギーのない甘味料）を補給しても血中ブドウ糖濃度の低下を防ぐことができず、3時間ほどで運動できなくなっています。カロリーオフやゼロカロリーの飲料は甘くても炭水化物を含んでいないので、血糖値の低下を防止することはできません。

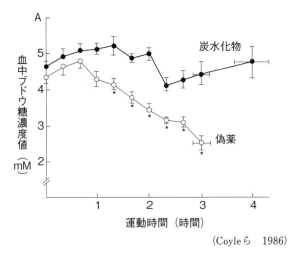

■図14 炭水化物あるいは偽薬を 20 分ごとに摂取した時の
　　　血中ブドウ糖濃度の変化

(Coyle ら　1986)

　水分は発汗量に応じて摂取するのがよいので、普段の練習で体重の変化を調べて発汗量を知っておくとよいでしょう。

● 3　試　合　後

1）炭水化物とたんぱく質

　試合で消費したグリコーゲンを回復するために炭水化物を十分に摂ります。筋肉たんぱく質の修復のためにたんぱく質も必要です。3編②「普段の栄養・食事」で述べたように、試合後も栄養補給を早目にすると回復が早まります。食事をすれば炭水化物とたんぱく質を補給できますから、試合後は食事を早く摂るようにすればよいということです。

　試合が終わってから食事まで時間がある場合は、夕食が食べられなくならない程度に補食を摂るようにします。

2）水　　　分

　体重減少量よりも少し多め（1.2 倍程度）の水分を補給します。食事をしない場合には塩を含んだ飲料を飲みます。

3 スポーツ栄養の基礎を知る

⑥ スポーツ栄養食品・サプリメント

●1 必要な栄養素は食事から摂れる

　スポーツに必要な栄養素は、きちんと食事をしていればサプリメントを使わなくても摂ることができます。このことを子どもに理解させ、正しい食習慣を身につけさせることが大切です。子どもが勝手にサプリメントを利用しないように注意します。

　検査などで不足する栄養素があった場合は、サプリメントに頼ってしまうのではなく不足の原因を明らかにし食事を見直すことが大切です。サプリメントで栄養状態を改善できても、その栄養素が不足した原因を解決しなければ改善は一時的なものに過ぎないからです。不足しているかどうか明らかでないのに利用すると、栄養素によっては過剰となることもあります。食事では偏食をしないことが大切です。

●2 サプリメントが役立つ場合

　食事から必要な量が摂れない栄養素がある以下のような場合には、サプリメントが役立つことがあります。しかし、以下のような場合は大人になってからのことが多く、特に成長期には健康のため減量すべきでないので、極端な減食をしてはいけません。そして、サプリメントは以下のような場合には使うことができますが、使うことを勧めているわけではないことを理解しておいてください。

1）何らかの理由で食事が偏った場合

　食物の好き嫌いがなくても衛生状態の悪い地域に遠征する場合などは、事前に調査して必要なものを持参し使うことができます。

2）極端な減食

　極端な減食はしないことが原則です。しかし、減量が必要で食事量を極端に制限するとたんぱく質やビタミン、ミネラルなどが不足することがあります。ビタミンやミネラルのサプリメントはエネルギーをほとんど含んでいないので、エネルギー制限時のこれらの栄養素の補給に利用できます。

3）食欲のない時・増量したい時

　少量で多くのエネルギーや栄養素を補給できるよう調製されている、軽食タイプや流動食のような食品が利用できます。

4）菜食主義者

　植物性食品のたんぱく質は動物性食品のそれよりも質的に劣り、量も少ないうえに消化・吸収率も低いので、たんぱく質が不足しないように注意します。動物性食品を摂らないために不足しやすい、エネルギー、脂質、ビタミン B_{12}（不足で悪性貧血。鉄を補給しても改善しないのでこういう名称がついている）、リボフラビン（エネルギー生産に関与）、ビタミン D（カルシウムの吸収や骨の合成に関与）、カルシウム、鉄、亜鉛（不足で食欲不振、成長障害、味覚障害など）をサプリメントで摂ることもできます。

●3　スポーツに特徴的なサプリメント

　基礎編 10 「サプリメントって何だろう？」では、下記の１）スポーツドリンクと２）エネルギー源の炭水化物を補給するものを、子どもが利用できるサプリメントとして紹介しています。この２つは運動中という特別な状況でも、必要な栄養成分を摂りやすいようにつくられているためです。ただし、きちんと食事を摂り、トレーニングすること以上の効果を持ったサプリメントはありません。

１）スポーツドリンク

　スポーツドリンクは運動中に必要な炭水化物と水分、それに塩分（ナトリウム）が補給できるようにつくられています。

２）エネルギー補給

　ここでいうエネルギーとは炭水化物です。血糖値の低下やグリコーゲンの枯渇という炭水化物の不足はエネルギー切れを意味します。炭水化物は前述のスポーツドリンクのほかに、タブレットやゼリー状のサプリメントなどで摂ることもできますが、必要な量（１時間あたり 30 〜 60g）が摂れているかどうか注意する必要があります。

３）たんぱく質（プロテイン）

　食事からのたんぱく質が十分でない場合、プロテインのサプリメントはたんぱく質の補給に利用することができます。ただし、たんぱく質を多く摂れば摂るほど筋肉は肥大するわけではありません。いろいろな食べ物を食べ必要なエネルギーが摂れていれば、筋肉づくりなどに必要な量のたんぱく質は食事から摂れます。食事から十分なたんぱく質が摂れている時に、プロテインが筋肉合成をより高めることはありません。

４）ビタミンB群

　ビタミンB群はエネルギーを生産する代謝に関わっています。特に糖質からのエネルギー生産に必要な B_1 は十分量が摂りにくいため、多くの栄養ドリンクが B_1 をはじめとするB群のビタミンを含んでいます。しかし、B群のビタミンをたくさん摂ってもエネルギー生産が高まることはありません。

５）抗酸化物質

　ビタミンCやEなどの抗酸化栄養素は、運動時に体内で生成が増大する活性酸素種が生体成分を傷害するのを防ぐのではないかと考えられています。

　活性酸素種とは、酸素の中でも他の物質と反応しやすいもののことです。運動すると酸素の消費量が増えるので、体内で活性酸素種が増えると考えられています。そして、これが細胞膜の脂質を酸化して運動による筋損傷などの悪影響をもたらすのではないかとされています。しかし、抗酸化物質の摂取効果は明らかではありません。

●4　サプリメントを選ぶ時に考えるべきこと

１）科学的な裏づけがあるかどうか

　表６はサプリメントの情報が科学的なのかどうかを誤解しやすい例です。サプリメントの成分

誤解につながる要因	誤解される情報の例など
動物実験なのかヒトを対象にした実験なのか	動物や筋肉の細胞や組織を用いた実験結果が、そのままヒトに当てはめられるとは限らない。
実験の時期は適切か	疲労回復に効果があるとするサプリメントの実験が練習量の少ない時期に行われると、疲労回復が良好だったのが練習量が少なかったからではなくてサプリメントの効果だと誤解される。
観察された影響は効果が得られるために十分か／評価指標は直接的なものか間接的なものか	摂取後に体脂肪のエネルギーとしての消費量が増えても、その消費量の増加が十分に大きくなければ、体脂肪量を減少させる効果があるとは限らない。筋肥大を目的としたサプリメントの場合は、筋が肥大したかどうかが直接的な評価指標である。血中アミノ酸濃度の上昇や筋たんぱく質合成の亢進などは、筋肥大の必要条件であるものの間接的な指標であり、その変化に筋を肥大させるのに十分な作用があるとは限らない。直接的な評価指標による情報の方が信頼性が高い。
作用を評価するのに適切な運動条件か	低血糖を防止して持久力を向上させるサプリメントの作用は、血糖値が低下する60〜90分以上の運動で実験される必要がある。血糖値の低下しないような短時間の運動での評価は適切とはいえない。調べようとする成分の生理作用を適切に評価する実験になっていないことがある。
思い込み効果の影響はないか	効果のあるものを使っていると選手が思い込むことで、実際には作用がなくても効果が現れることがある。①筋肉増強剤だと信じさせると偽物でも筋力が増大したことや、②糖質を摂取していると信じさせると持久力が向上したり、③疲労回復を促進すると信じさせると記録が改善したのに対して、疲労回復作用はないと信じさせると記録が悪化したことなどが報告されている。

■図15　被験物の効果に関する情報の違いと運動能力の変化

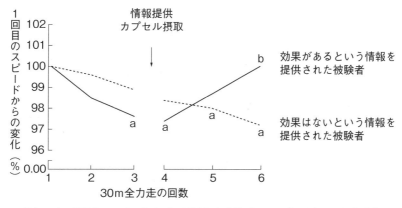

注）aは1回目と、bは3および4回目と有意差（$P<0.05$）があることを示す。

(Beedie ら　2007)

の効果を細胞や臓器・組織、動物で行った実験の結果が、そのまま人が摂取した場合に当てはまるとは限りません。また、実験の時期や期間、評価した項目などが適切ではないこともあるので、情報を見る時に注意するようにします。

2）思い込み効果

　ヒトを対象にした実験でも注意する必要があります。摂取したものに効果があると思っていると、実際には効果がないものでも効果が現れることがあります。このような効果を「思い込み効

果」とか「プラセボ（偽薬）効果」といいます。

図15は、3回の30mの全力走で疲労によって落ちたタイムが、疲労回復効果があるといわれてカプセルを摂取した場合には回復するのに対して、疲労回復効果はないといわれて摂取した場合には落ち続けたことを示しています。このような「思い込み効果」をサプリメントの効果だと誤ってしまうことがあります。

●5　サプリメントとドーピング

たんぱく質や炭水化物、脂質、ビタミン、ミネラルなどの栄養素はドーピング物質として禁止されていないので、大量に摂ってもドーピング検査で陽性になることはありません。しかし、漢方や薬膳など内容成分が明らかでないものには注意が必要です。

また、20％前後のサプリメントから禁止物質のステロイドが検出されたとの報告があります。これらのサプリメントには、ステロイドが含まれていることは表示されていません。素性の明らかでないサプリメントは利用しないようにした方が賢明です。

●6　サプリメントと食品

図16のように、栄養はトレーニングや休養とともに運動能力を向上させる必要条件のひとつです。しかし、運動能力が高まると競技成績が上がるとは限りません。栄養が運動能力に及ぼす影響にも運動能力が競技成績に及ぼす影響にも、心理的要因が関係します。すなわち、必ず運動能力を向上させたり競技成績を高めたりする栄養・食品は存在しないということです。サプリメントも、それを摂ったから運動能力や競技成績が高まるとは考えられません。

サプリメントには、携帯性や保存性などの面で通常の食品には求めにくい利点があります。これらの利点と栄養学的な効果や経済性などを、信頼できる情報によって総合的に判断することが大切です。

■図16　栄養だけが競技成績に影響するわけではない

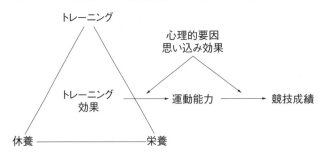

84

⑦ アスリートの栄養問題

● 1 鉄欠乏性貧血

鉄は、酸素を運ぶ赤血球のヘモグロビン、筋肉で酸素を貯蔵するミオグロビン、そしてエネルギーを生産するための酵素の構成成分です。これらの機能が鉄欠乏性貧血では低下するため運動能力が低下します。どうきや息切れ、疲れやすいなどが鉄欠乏性貧血の代表的な症状です。月経で鉄は体外へ排泄されます。このため、月経のある女子の鉄の摂取基準は月経がない場合よりも多く設定されています。月経のある女子では不足しないよう気をつける必要があります。

鉄欠乏性貧血はアスリートで比較的多く見られます。発汗による鉄の損失が多いこと、消化管からの出血、走ったり跳んだりする時に足の裏に加わる衝撃で赤血球が壊れることなどが原因と考えられています。

図17は、マラソンやウルトラマラソンのランナーは、貧血の指標であるヘモグロビンやヘマトクリットに一般人と差がないので鉄欠乏性貧血ではないものの、血清フェリチン濃度が低いことを示しています。血清フェリチンは体内の貯蔵鉄の状態を鋭敏に示します。通常の健康診断で貧血かどうかを調べるヘモグロビンやヘマトクリットが正常でも、貯蔵鉄は減少している場合があり、その時に血清フェリチンは低下します。練習での運動量が多いと赤血球のヘモグロビンをつくるための貯蔵鉄が少なくなることがあります。

鉄は肉類、魚介類、葉菜類、大豆食品、海藻などに比較的豊富に含まれています。運動能力の高いウマやマグロ、カツオなどの肉が赤いのは鉄を多く含んでいるからです。主食の米やパン、めん類も鉄の補給源として重要です。

ヘモグロビン、ミオグロビン、そして酵素はたんぱく質です。したがって、鉄欠乏性貧血を予防・改善するためにはたんぱく質も不足しないようにすることが大切です。

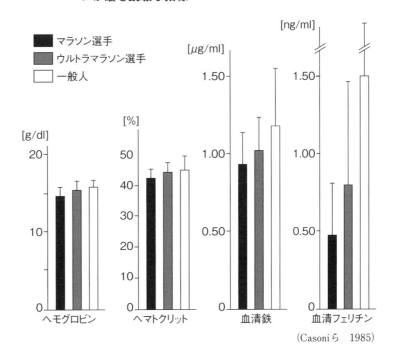

■図17　運動量が多いほど鉄の貯蔵状態が悪い。血清フェリチンが最も鋭敏な指標

（Casoniら　1985）

●2　骨密度の低下

　骨で最も量の多いミネラルはカルシウムです。一方、骨にはコラーゲンというたんぱく質もあります。鉄筋コンクリートの柱が鉄筋の周囲をセメントで埋めて固めているように、骨ではコラーゲンが鉄筋、カルシウムがセメントの役割を果たしています。したがって、たんぱく質も不足しないようにする必要があります。

　運動は骨の合成を刺激します。このため、一般的に運動習慣のある人はない人よりも骨のミネラル密度（骨密度）が高く骨は丈夫です。　しかし、運動量が多過ぎるとかえって骨密度が低くなることがあります。図18は、長距離ランナーを対象にした研究で、1週間あたりの走行距離が長いほど骨のミネラル量が少ないことを示しています。骨も新陳代謝しています。運動量が多過ぎると、骨の合成を分解が上回って骨のミネラルが減少するのだろうと考えられています。運動量が多いことによる骨のミネラルの減少は、カルシウムやたんぱく質を多く摂っても防げないと考えられます。しかし、カルシウムは不足しやすいこともあり、不足しないようにする必要があります。

　カルシウムは日本人にとって不足しやすいミネラルです。乳製品の摂取量が多くないこと、小魚類を食べなくなったことが関係しているといわれます。葉菜類、大豆食品、海藻などもカルシウムを多く含んだ食品です。

■図18　1週間あたりの走行距離が長いほど骨のミネラルが少ない

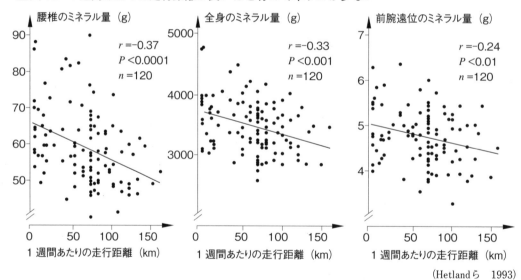

(Hetlandら　1993)

●3　摂食障害

　摂食障害には拒食症（神経性無食欲症）や過食症（神経性大食症）があります。拒食症類似者が、一般女子よりも女子アスリートで多いことを表7は示しています。

　拒食症は月経不順や無月経につながります。無月経の頻度もアスリートの方が高いことがわかります（表7）。月経不順や無月経の原因には、精神的なストレスのほかに摂取エネルギーが少な過ぎることがあります。

無月経には健康上の問題があります。無月経ランナーでは正常に月経のあるランナーよりも骨密度が低く女性ホルモンのエストロゲンが減少していることを、表8は示しています。女性は閉経後には女性ホルモンが減少して骨密度が低下しやすくなります。ホルモン状態が無月経のランナーと閉経後の女性で類似していることが、骨密度低下の理由です。月経が正常にあるかどうかを、保護者や指導者は注意しておく必要があります。

　摂食障害にならないためには、体重や体型について、気にし過ぎたり誤った考え方をしないようにする必要があります。望ましい体重や体脂肪率には個人差があります。無理な食事制限などをしなくても維持でき、健康上の問題がない時の体重や体脂肪率が、その人にとって望ましいものだということを認識しておくことが大切です。

■表7　拒食症類似者と無月経の頻度

	拒食症類似者の頻度 （%）	無月経の頻度 （%）
女子アスリート		
技術系	8.4	3.6
持久系	20.3	20.2
審美系	11.6	6.7
球技系	5.1	2.2
パワー系	5.3	2.6
一般女子	3.2	1.4

（Okano ら　1996 と 1998 より作成）

■表8　無月経の女子選手は骨密度とエストラジオール濃度が低い

	無月経ランナー	正常月経ランナー
腰椎骨密度（g/cm^2）	1.12 ± 0.04*	1.30 ± 0.03
エストロゲン濃度（pg/ml）	38.58 ± 7.03*	106.99 ± 9.80
摂取エネルギー（kcal/ 日）	1622.7 ± 145.1	1965.1 ± 98.4
カルシウム摂取量（mg/ 日）	888 ± 105	912 ± 130

注）平均±標準誤差　*正常月経ランナーに対して $P < 0.01$　　　（Drinkwaterら　1984）

4 必要な栄養を知るには

いろいろな食物（主食、主菜、副菜、果物、乳製品）を食べて必要な量のエネルギーが摂れていれば、体重・体脂肪率は基本的に一定であり、必要な量の栄養素が摂れます。私たちが消費しているエネルギー量が必要なエネルギー量です。したがって、エネルギー消費量を知ることが体型の維持や、きちんとした食事をするうえでまず大切です。

① エネルギー消費量（要因加算法）

エネルギー消費量を知る方法はいくつかありますが、特別な装置を必要とせず手軽に利用できるものに要因加算法があります。要因加算法では、1日の身体活動を記録して各活動のエネルギー消費量を算出し、それらを加算して1日のエネルギー消費量を求めます。1日のエネルギー消費量を計算することにより、1日にどのくらいのエネルギー量の食事が必要かを知ることができます。要因加算法によるエネルギー消費量の算出方法を表10に示します。

1）準備するもの

電卓、筆記用具、エネルギー消費量の算定表（表12）

2）手　　順

①　表12に1日の身体活動を記入します。24時間は1440分なので、起床から翌日の起床までの時間の合計が必ず1440分になるようにします。

②　1分間あたりの基礎代謝量を計算します。基礎代謝量は人が生きていくうえで必要な最小のエネルギー消費量です。基礎代謝量は表9の該当する基礎代謝基準値に体重を掛けて求めます。

■表9　参照体重における基礎代謝量

性　別	男性			女性		
年齢（歳）	基礎代謝基準値 （kcal/kg 体重 / 日）	参照体重 （kg）	基礎代謝量 （kcal/ 日）	基礎代謝基準値 （kcal/kg 体重 / 日）	参照体重 （kg）	基礎代謝量 （kcal/ 日）
1～2	61.0	11.5	700	59.7	11.0	660
3～5	54.8	16.5	900	52.2	16.1	840
6～7	44.3	22.2	980	41.9	21.9	920
8～9	40.8	28.0	1140	38.3	27.4	1050
10～11	37.4	35.6	1330	34.8	36.3	1260
12～14	31.0	49.0	1520	29.6	47.5	1410
15～17	27.0	59.7	1610	25.3	51.9	1310
18～29	23.7	64.5	1530	22.1	50.3	1110
30～49	22.5	68.1	1530	21.9	53.0	1160
50～64	21.8	68.0	1480	20.7	53.8	1110
65～74	21.6	65.0	1400	20.7	52.1	1080
75以上	21.5	59.6	1280	20.7	48.8	1010

（「日本人の食事摂取基準（2020 年版）」）

表10は10歳の体重35.6kgの男子の場合の計算例です。表9より10歳の男子の基礎代謝基準値は37.4kcal/kg/日なので、基礎代謝量は37.4kcal/kg/日×35.6kg＝1331kcal/日です。したがって、1分間あたりの基礎代謝量は1331kcal/日÷1440分＝0.92kcal/分です。

　③　1分間あたりの安静時代謝量を計算します。安静時代謝量は座位安静時におけるエネルギー消費量で、基礎代謝量の1.1倍程度とされています。したがって、1分間あたりの安静時代謝量は、0.92kcal/分×1.1＝1.01kcal/分になります。

　④　表12に記録したそれぞれの身体活動のエネルギー消費量を、③で求めた安静時代謝量に各活動の強度の指標であるメッツ（metabolic equivalents, METs）を掛けて求めます。メッツは各活動のエネルギー消費量が安静時代謝量の何倍かを示す値です。表11は代表的な各身体活動のメッツです。例として、30分間の通学（徒歩）のエネルギー消費量は次のように計算します。表11より「通勤、通学で歩く」のメッツは4.0です。したがって、30分間の通学（徒歩）のエネルギー消費量は1.01kcal/分×30分×4.0＝121kcalになります。このようにして、それぞれ

■表10　エネルギー消費量の算出方法（体重35.6kg、10〜11歳の男子の場合）

（1）1分間あたりの基礎代謝量
　　　基礎代謝基準値　→　37.4（kcal/kg/日）
　　　37.4（kcal/kg/日）× 35.6（kg）÷ 1440（分/日）＝ <u>0.92（kcal/分）</u>　←小数2位

（2）1分間あたりの安静時代謝量
　　　安静時代謝量は、基礎代謝量の1.1倍程度なので、
　　　0.92（kcal/kg/日）× 1.1 ＝ <u>1.01（kcal/分）</u>　　←小数2位

（3）各活動に要するエネルギー
　　　1分間あたりの安静時代謝量（kcal/分）×所要時間（分）×メッツ
　　　例：8：00－8：30の通学（徒歩）のエネルギー消費量は、
　　　1.01（kcal/分）× 30（分）× 4.0 ＝ 121（kcal）

（4）総エネルギー消費量
　　　食事誘発性体熱産生を考慮するとともに、成長のためのエネルギー蓄積量を加える必要がある
　　　エネルギー消費量の合計（kcal）÷ 0.9 ＋ 40（kcal）
　　　例：2879（kcal）÷ 0.9 ＋ 40（kcal）＝ 3239（kcal）

時　刻	所要時間（分）	日常生活活動の種類	メッツ	エネルギー消費量（kcal）
7:00		起床		
7:00 － 7:30	30	身の回り	2.0	61
7:30 － 8:00	30	朝食	1.5	45
8:00 － 8:30	30	通学（徒歩）	4.0	121
8:30 －12:00	210	授業	1.8	382
……	必ず 1440分	……		……
合　計	1440			2879
食事誘発性体熱産生を考慮するために0.9で除する				3199
組織増加分のエネルギー蓄積量				40
総エネルギー消費量				3239
				整数

の活動のエネルギー消費量を算出し各エネルギー消費量を合計します。表11にないメッツは国立健康・栄養研究所がホームページに公開している「身体活動のメッツ表」などで調べられます。

⑤　メッツを用いて計算したエネルギー消費量には食後に増加するエネルギー消費量の増加（食事誘発性体熱産生）が含まれていないので、補正が必要です。食事誘発性体熱産生は1日の総エネルギー消費量の10％と仮定されるので、エネルギー消費量の合計を0.9で割ります。さらに成長期には成長に伴う組織増加分に相当するエネルギー蓄積量を加える必要があります。小学生は20～40kcal/日、中学生は10～25kcal/日を目安に加算します。以上で、1日の総エネルギー消費量を算出することができます。

3）解　　説

要因加算法でエネルギー消費量を求めると、日常のどのような活動でどのくらいのエネルギーを消費しているのかを知ることができます。

減量のためにエネルギー消費量を増やすには、駅から目的地までの交通手段をバスではなく徒歩や自転車にする、エレベーターを使わず階段を利用するなど、少しでも活動量を増やしてエネルギー消費量を増やすように心掛けることです。このように生活を変化させることで増加するエネルギー消費量がどのくらいかも、要因加算法で計算できます。

91ページの表11に示されているメッツは成人のものです。メッツは成人と成長期でまったく同じというわけではありませんが、成長期のメッツは十分にわかっているとはいえません。しかし、それほど大きな違いはなさそうです。このため、ここでは成人のメッツを用いました。

計算によって求めたエネルギーが実際より多かった場合、そのエネルギーを摂取していると体脂肪が過剰に増えます。体脂肪が過剰に増えなければ摂取エネルギーは摂り過ぎではありません。

■表11　身体活動のメッツ

	活動内容	メッツ			活動内容	メッツ
安静	睡眠	1.0		高強度の運動	器械体操	3.8
	横になる、静かに座る、テレビを見る、読書、書き物をする	1.3			陸上競技（投擲）	4.0
低・中強度の生活活動	静かに立つ	1.3			卓球	4.0
	会話や電話（座位）	1.5			バレーボール	4.0
	会話や電話（立位）	1.8			ゴルフ	4.8
	食事	1.5			打ちっぱなしゴルフ	3.0
	入浴（座位）	1.5			アクアビクス、水中体操、水中歩行	5.3
	シャワーを浴びる（立位）	2.0			バドミントン（レクリエーション的）	4.5
	身支度（洗顔、歯磨き、手洗い、髭剃り、化粧、着替え）	2.0			ダンス（バレエ、モダン、ツイスト、ジャズ）	5.0
	勉強、学校の授業	1.8			子どもの遊び（石蹴り、ドッジボール、遊戯具など）	5.8
	デスクワーク、タイピング	1.3			野球、ソフトボール	5.0
	座位作業（軽いオフィスワーク、会議など）	1.5			野球（投手）	6.0
	立位作業（店員の業務、コピーなど）	3.0			バスケットボール	6.5
	音楽鑑賞、映画鑑賞	1.5			スケートボード	6.0
	趣味・娯楽（ゲームで遊ぶ、手芸など）	1.5			レスリング	6.0
	ピアノ、オルガンの演奏	2.3			陸上競技（走り高跳び、走り幅跳び）	6.0
	料理	2.0			エアロビクス	7.3
	洗濯物を干す、片付ける	2.0			自転車エルゴメーター	7.0
	調理、皿洗い	3.3			アイススケート	7.0
	買物	2.3			スキー	7.0
	軽い掃除（ごみ拾い、整頓など）	2.5			クロスカントリースキー	9.0
	大きいものの掃除（洗車、窓、車庫など）	3.5			登山、ロッククライミング	8.0
	フロアの掃き掃除	3.3			ボート、カヌー	12.0
	掃除機をかける	3.3			テニス	7.3
	床磨き、風呂掃除	3.5			バドミントン	5.5
	草むしり、庭の手入れ	3.5			サッカー	7.0
	電車やバス、車に乗車する	1.3			ラグビー	8.3
	車の運転	2.5			柔道、空手	10.3
	スクーター、オートバイの運転	3.5			ハンドボール	12.0
	通勤、通学で歩く	4.0			自転車競技	12.0
	自転車に乗る	4.0			水泳（背泳）	9.5
中強度の運動	散歩（ゆっくり）	2.8			水泳（平泳ぎ）	10.3
	ストレッチング、ヨガ	2.3			水泳（バタフライ）	13.8
	キャッチボール	2.5			水泳（クロール、ふつう、46m/分）	8.3
	ボーリング	3.0			水泳（クロール、速い、69m/分）	10.0
	バレーボール（レクリエーション的）	3.0			水泳（アーティスティックスイミング）	8.0
	階段昇降	3.5			ジョギング（一般的）	7.0
	ウォーキング（運動目的で）	4.3			ランニング（9.7km/時、162m/分）	9.8
					ランニング（12.1km/時、202m/分）	11.5
					縄跳び（やや速い）	11.8
					腕立て伏せ、腹筋運動など	8.0
					筋力トレーニング（軽・中等度）	3.8
					筋力トレーニング（高強度）	6.0

（Ainsworth ら 2011 より作成）

① エネルギー消費量（要因加算法）

■表12　　エネルギー消費量の算定表　　　　氏名

時　刻	所要時間（分）	日常生活活動の種類	メッツ	エネルギー消費量（kcal）
合　計				
食事誘発性体熱産生を考慮するために 0.9 で割る				
成長のための蓄積エネルギーを加える				
総エネルギー消費量				

② 栄養成分の摂取量

　栄養成分の摂取量の求め方について市販弁当を使って解説します。ここではエネルギーと三大栄養素の摂取量を計算しますが、ビタミンやミネラルの摂取量も基本的に同じ方法で計算できます。

1）準備するもの

　弁当、キッチンスケール、食品成分表、電卓、筆記用具、栄養計算表（表16）

2）手　　　順

　①　表16に料理とその料理に使われている食品名を表13のように記入します。

　②　各食品のキッチンスケールで測定した重量と、食品成分表の100gあたりの成分値を表13のように記入します。食品の成分値は、加熱すると水分が少なくなって100gあたりのたんぱく質が増えるなど、調理法によっては変わることがあります。加熱した食品については「ゆで」や「焼き」の数値があればそれを使います。

　③　揚げ物は表15のように計算します。揚げた時にころもに吸い込まれた油の量の計算には、

■表13　市販弁当の栄養価の例（幕の内弁当）

食品：幕の内弁当		重量(g)	可食部100 gあたり				各食品あたり			
料理	食品名		エネルギー(kcal)	たんぱく質(g)	脂質(g)	炭水化物(g)	エネルギー(kcal)	たんぱく質(g)	脂質(g)	炭水化物(g)
ご飯	水稲めし・精白米・うるち米	217	156	2.5	0.3	37.1	339	5.4	0.7	80.5
魚フライ	全体量	29								
	さば （まさば・焼き）	10	264	25.2	22.4	0.4	26	2.5	2.2	0.0
	ころも（卵、薄力粉、パン粉）	11	306	12.4	6.4	50.2	34	1.4	0.7	5.5
	大豆油	8	885	0.0	100.0	0.0	71	0.0	8.0	0.0
えび天ぷら	全体量	16								
	ブラックタイガー・生	8	77	18.4	0.3	0.3	6	1.5	0.0	0.0
	ころも（卵、薄力粉）	5	348	9.1	4.5	68.9	17	0.5	0.2	3.4
	大豆油	3	885	0.0	100.0	0.0	27	0.0	3.0	0.0
焼きざけ	しろさけ・焼き	27	160	29.1	5.1	0.1	43	7.9	1.4	0.0
ほたて照り焼き	ほたて貝・貝柱・焼き	18	123	23.8	0.3	4.6	22	4.3	0.1	0.8
しゅうまい	しゅうまい・冷凍	22	191	9.1	9.2	19.5	42	2.0	2.0	4.3
ウインナー	ウインナーソーセージ・焼き	13	345	13.0	31.8	2.4	45	1.7	4.1	0.3
卵焼き	厚焼き卵	13	146	10.5	9.2	6.5	19	1.4	1.2	0.8
煮物	板・製粉こんにゃく	12	5	0.1	0.0	2.3	1	0.0	0.0	0.3
	たけのこ・若茎・ゆで	10	31	3.5	0.2	5.5	3	0.4	0.0	0.6
	にんじん・皮なし・ゆで	10	28	0.7	0.1	8.5	3	0.1	0.0	0.9
しそ昆布	昆布つくだ煮	3	152	6.0	1.0	33.3	5	0.2	0.0	1.0
たくあん漬	塩押しだいこん漬	4	43	0.6	0.3	10.8	2	0.0	0.0	0.4
合　計							703	29.1	23.7	98.9
PFC比（%）								17	30	56

表14の吸油率を用います。とんかつの吸油率が21％というのは、とんかつ全体の重量の21％が油の重量だということです。揚げ物の全体と、ころもをはずした中身の重量を計ります。全体の重量と中身の重量の差が、油を吸い込んでいるころもの重量です。中身、油、ころもの成分値を表13のように記入します。ころもの成分値には表15の値を使います。

④　各食品のエネルギー、たんぱく質、脂質、炭水化物は100gあたりの成分値を各食品の重量あたりに換算して求め合計します。

⑤　表13には総エネルギー量に占める三大栄養素のエネルギー比率であるPFC比を示しています。Pはたんぱく質（Protein）、Fは脂質（Fat）、Cは炭水化物（Carbohydrate）です。表13の弁当のPFC比は17：30：56です。ここでの計算では、たんぱく質は4kcal/g、脂質は9kcal/g、炭水化物は4kcal/gという一般的なエネルギー換算係数を用いています。食品の中にはエネルギー換算係数が個別に決められているものがありますが、ここではそれを用いていないためPFC比の合計が100％になっていません。しかし、個別の係数を用いても大きく違うことはありません。

3）解　　説

成長期は基礎代謝量が高いので、身体が小さくても大人並みのエネルギー量の食事が必要です。このエネルギーを3回の食事では摂りきれない子どもにとって、補食は大切な食事のひとつとなります。

表13のように揚げ物を含む食事では脂質のエネルギー比が高くなります。揚げ物はエネルギーをたくさん摂るのに役立ちます。望ましいPFC比は15〜20：20〜25（成長期は30）：50〜70です。

表13で100gあたりのたんぱく質量が最も多いのはさけ、2番目がさば、3番目がえびです。一方、各食品から摂れるたんぱく質量は、さけ、ご飯、ほたて貝の順です。ご飯はたんぱく質の豊富な食品とはいえません。しかし、ご飯は食べる量が多いので、ご飯からは多くのたんぱく質が摂れます。これに対してえびは食べる量が少ないので、えびから摂れるたんぱく質はそれほど多くありません。このように、たんぱく質の豊富な食品だから、たんぱく質をたくさん摂れるとはいえません。

健全な発育を確保しながら、スポーツに必要な体づくりや、しっかり練習に取り組むためのコンディションをキープするには、運動量に対し食事の質と量が見合ったものでなければなりませ

■表14　代表的な揚げ物の吸油率

食品名	吸油率（%）	食品名	吸油率（%）
メンチカツ	12	白身魚フライ	27
とんかつ	21	野菜コロッケ	16
チキンナゲット	2	フライドポテト	6
エビフライ	25	からあげ	6〜8
ほたて貝柱フライ	13	てんぷら	15〜25
イカリングフライ	8		

（松本　2022より作成）

ん。エネルギーや各栄養素が、どんな食品にどのくらい含まれているのかは、食習慣が形成される成長期に得ておきたい知識のひとつです。

■表15　揚げ物の栄養計算法

【とんかつの場合】
（1）とんかつの吸油率：21％と仮定
（2）とんかつ（ころもを分離する前）の重量（g）× 0.21（吸油率）＝油の重量（g）
（3）油の重量（g）× 9（kcal/g）＝油のエネルギー（kcal）
（4）分離したころも重量（g）－油の重量（g）＝実際のころもの重量（g）
（5）肉の重量（g）を測定

◎とんかつのころもの成分値

	エネルギー（kcal）	たんぱく質（g）	脂質（g）	炭水化物（g）
鶏卵（M）全卵1個分（52g）	74	6.3	5.3	0.2
薄力粉 50g	175	4.2	0.8	37.9
パン粉 100g	369	14.6	6.8	63.4
とんかつのころも（100g あたり）	306	12.4	6.4	50.2

（「日本食品標準成分表 2020」をもとに算出）

【てんぷらの場合】
（1）てんぷらの吸油率：15 〜 25％ → 20％と仮定
（2）てんぷら（ころもを分離する前）の重量（g）× 0.2（吸油率）＝油の重量（g）
（3）油の重量（g）× 9（kcal/g）＝油のエネルギー（kcal）
（4）分離したころも重量（g）－油の重量（g）＝実際のころもの重量（g）
（5）てんぷらの中身の重量（g）を測定

◎てんぷらのころもの成分値

	エネルギー（kcal）	たんぱく質（g）	脂質（g）	炭水化物（g）
鶏卵（M）卵黄1/2 個分（10g）	34	1.7	3.4	0.0
薄力粉 100g	349	8.3	1.5	75.8
てんぷらのころも（100g あたり）	348	9.1	4.5	68.9

（「日本食品標準成分表 2020」をもとに算出）

2　栄養成分の摂取量

■表 16　栄養計算表

食品		重量 (g)	可食部 100 g あたり				各食品あたり			
料　理	食品名		エネルギー (kcal)	たんぱく質 (g)	脂質 (g)	炭水化物 (g)	エネルギー (kcal)	たんぱく質 (g)	脂質 (g)	炭水化物 (g)
合　計										
PFC バランス（%）										

◇ 引用・参考文献

岡村浩嗣編著　2021『市民からアスリートまでのスポーツ栄養学　第3版』八千代出版
伊藤貞嘉・佐々木敏監修　2020『日本人の食事摂取基準（2020年版）』第一出版
日本スポーツ協会　2019『スポーツ活動中の熱中症予防ガイドブック』日本スポーツ協会
文部科学省科学技術・学術審議会資源調査分科会編　2020『日本食品標準成分表 2020年版（八訂）』全
　国官報販売協同組合

【ワークシートから学ぶスポーツ栄養　編】
五十嵐脩ほか　2006『基礎シリーズ最新栄養学』実教出版
全国病院調理師会編　1996『治療食調理教本』第一出版
スイスオリンピック委員会ホームページ　http://www.swissolympic.ch/desktopdefault.aspx（2013年10
　月アクセス）

【ステップアップスポーツ栄養　編】
西山隆造・三宅紀子・鶴水昭夫　1999『わかりやすい食と健康の科学』オーム社、p.114
松本仲子監修　2022『調理のためのベーシックデータ　第6版』女子栄養大学出版部

Ainsworth, B. E., Haskell, W. L., Herrmann, S. D., Meckes, N., Bassett, D. R. Jr., Tudor-Locke, C., Greer, J. L., Vezina, J.,Whitt-Glover, M. C., Leon, A. S. 2011 "2011 Compendium of physical activities: a second update of codes and MET values". *Med Sci Sports Exerc*. 43 : 1575-81.

Beedie, C. J., Coleman, D. A., and Foad, A. J. 2007 "Positive and negative placebo effects resulting from the deceptive administration of an ergogenic aid". *Int J Sport Nutr Exerc Metab*. 17 : 259-69.

Bergström, J., Hermansen, L., Hultman, E., and Saltin, B. 1967 "Diet, muscle glycogen and physical performance". *Acta Physiol Scand*. 71: 140-50.

Butte, N. F., Watson, K. B., Ridley, K., Zakeri, I. F., McMurray, R. G., Pfeiffer, K. A., Crouter, S. E., Herrmann, S. D., Bassett, D. R., Long, A., Berhane, Z., Trost, S. G., Ainsworth, B. E., Berrigan, D., Fulton, J. E. 2018 "A youth compendium of physical activities: activity codes and metabolic intensities". *Med Sci Sports Exerc*. 50: 246-56.

Casoni, I., Borsetto, C., Cavicchi, A., Martinelli, S., and Conconi, F. 1985 "Reduced hemoglobin concentration and red cell hemoglobinization in Italian marathon and ultramarathon runners". *Int J Sports Med*. 6: 176-9.

Costill, D. L., and Miller, J. M. 1980 "Nutrition for endurance sport: carbohydrate and fluid balance". *Int J Sports Med*. 1: 2-14.a

Coyle, E. F., Coggan, A. R., Hemmert, M. K., and Ivy, J. L. 1986 "Muscle glycogen utilization during prolonged strenuous exercise when fed carbohydrate". *J Appl Physiol*. 61: 165-72.

Coyle, E. F., and Montain, S. J. 1992 "Carbohydrate and fluid ingestion during exercise: are there trade-offs?" *Med Sci Sports Exerc*. 24: 671-8.

Drinkwater, B. L., Nilson, K., Chesnut, C. H. 3rd., Bremner, W. J., and Shainholtz, S., and Southworth, M. B. 1984 "Bone mineral content of amenorrheic and eumenorrheic athletes". *N Engl J Med*. 311: 277-81.

Hetland, M. L., Haarbo, J., and Christiansen, C. 1993 "Low bone mass and high bone turnover in male long distance runners". *J Clin Endocrinol Metab*. 77: 770-5.

Levenhagen, D. K., Gresham, J. D., Carlson, M. G., Maron, D. J., Borel, M. J., and Flakoll, P. J. 2001 "Postexercise nutrient intake timing in humans is critical to recovery of leg glucose and protein homeostasis". *Am J Physiol Endocrinol Metab.* 280: E982-93.

Okano, G., Sato, Y., Tarnoff, H., Nemoto, I., Nakamoto, A., Tokuyama, K., Suzuki, M., and Nakai, Y. 1996 "Prevalence of disordered eating patterns and menstrual status in Japanese female athletes". *Jpn J Phys Fitness Sports Med.* 45: 419-28.

Okano, G., Mu, Z., Lin, Z., Sato, Y., Holmes, R., Suzuki, M., and Nakai, Y. 1998 "Low prevalence of disordered eating patterns and menstrual irregularities in Chinese female athletes". *Jpn J Phys Fitness Sports Med.* 47: 271-8.

Tarnopolsky, M. A., Atkinson, S. A,, MacDougall, J. D., Chesley, A., Phillips, S., and Schwarcz, H. P. 1992 "Evaluation of protein requirements for trained strength athletes". *J Appl Physiol.* 73: 1986-95.

Tzankoff S. P., and Norris, A. H. 1977 "Effect of muscle mass decrease on age-related BMR changes". *J Appl Physiol.* 43: 1001-6.

◇ あとがき

　2000 年にスポーツ振興基本計画が策定され、わが国の国際競技力向上の総合方策としてタレント発掘・育成が検討されました。2012 年策定のスポーツ基本計画にもその重要性が記載され、国として事業の推進が継続されています。このような背景の中で地域タレント発掘育成事業が2004 年より始まりました。この事業は、それぞれの地域で運動能力などが優れたジュニアを発掘し、ジュニアの発育・発達に応じたプログラムで育成するものです。また、競技団体の中には育成システムを持つところもあります。このように、若い世代からの教育が重要だと考えられ、取り組みが始まっています。その教育プログラムの多くに栄養教育が含まれています。

　本書の内容も、和歌山県ゴールデンキッズ発掘プロジェクトにおいて 2007 年から行ってきた食育に基づいています。このプロジェクトでは食育を育成プログラムの柱のひとつと位置づけ、子どもたちを対象にした食育プログラムを初年度から実施しています。保護者だけでなく、小学4 年生から 6 年生までの 3 年間にわたる、子どもたちを対象にした食育プログラムの効果はとても大きく、和歌山県のプロジェクトの特徴にもなっています。2010 年に文部科学省から発表された「食に関する指導の手引き―第 1 次改訂版―」では、新たにスポーツをする児童生徒の項目が追加され、スポーツを行う児童生徒を対象にした栄養指導が課題となっています。しかし、児童生徒が自分でスポーツ栄養を学ぶための教材は、ほとんどないのが現状です。

　本書は、前半のジュニアアスリート向けと後半の保護者や指導者（大人）向けの 2 部構成にしました。前半は、ジュニアアスリートが自分でワークシートに取り組むことによって、成長期のジュニアアスリートがスポーツを行う時の食事や水分補給などについて学ぶことができるようにしました。ジュニアアスリートというと、競技レベルが高い子どもという印象を受けるかもしれませんが、それだけではありません。地域のスポーツ少年団や学校のクラブ活動、楽しみでスポーツをする子どもたちも対象です。後半は、ジュニアアスリートが学ぶ内容について科学的視点・根拠に基づいて解説しました。中学生以上のアスリートにも役立つと思います。保護者や指導者の皆さんには、スポーツと栄養の関係を理解し、子どもたちと栄養や食事の役割や大切さについて話すなどのサポートをしていただきたいと思います。そのことが子どもたちの学習効果を高め、より実践力を伸ばすことにつながるはずです。

　本書は、栄養士・管理栄養士などの栄養の専門家がいなくても学ぶことができるようになっていますが、専門家が近くにいる場合には解説を加えてもらうとよいでしょう。理解を深める助けとなり、食生活の現状に即した実践方法をアドバイスしてもらえることと思います。

　本書を活用することが、ジュニアアスリートの現在の体づくりと安全な競技生活のためになるだけではなく、将来の健康的な食生活につながることを願っています。また、一緒に学ぶご家族の皆さんの健康にも役立つことができればと思っています。

　最後に、本書の企画段階から刊行に至るまで、八千代出版の森口恵美子氏には粘り強くサポートしていただきました。厚くお礼を申し上げます。また、本書の完成にご尽力いただいた関係者の皆様に感謝申し上げます。

　2013 年 10 月

柳沢 香絵・岡村 浩嗣

◇ 第3版あとがき

　本書は、2013年11月に初版を発行し、2019年4月に「日本人の食事摂取基準（2015年版）」および「日本食品標準成分表2015年版（七訂）」に準拠する形で改訂版を発行しました。

　第3版では「日本人の食事摂取基準（2020年版）」「日本食品標準成分表2020年版（八訂）」の発表に伴い、食品・料理のエネルギーおよび栄養素の変更、エネルギー消費量の見直し等を行いました。

　また、基礎編の最後に「減量」の章を加えました。これまで、成長期には減量をさせるべきではないとの考えに基づき、減量の項目を設けていませんでした。しかしながら、子どもの時に本書で学び、現在も競技を続けている選手へ調査を行ったところ、「大きくなると減量が必要になることがあるので、子どものうちに基本的なことを学んでおけばよかった」という貴重な意見をもらいました。そこで、第3版ではダイエットの問題を取り上げた章に続き、体重管理のための食事のポイントを説明しています。

　さらに、基礎編の試合時で勝つための食事の章においては、何を食べたらよいかが子どもたちに伝わりやすいよう具体的な説明に改訂しています。

　上記の見直しにより、スポーツ活動を行う子どもにとっては、より実践的で、さらに将来の競技生活の基本となる改訂になったと思います。

　最後に、八千代出版の森口恵美子氏には改訂版の出版という貴重な機会をいただきました。深く感謝申し上げます。

　　2023年1月

柳沢 香絵・岡村 浩嗣

編著者紹介

柳沢　香絵（やなぎさわ・かえ）

お茶の水女子大学大学院人間文化創成科学研究科ライフサイエンス専攻博士後期課程修了。国立スポーツ科学センター研究員、聖徳大学講師などを経て、現在、相模女子大学栄養科学部教授。博士（生活科学）、公認スポーツ栄養士、管理栄養士。スポーツ栄養学専門。『市民からアスリートまでのスポーツ栄養学』（共著・八千代出版・2011）、『最新版　アスリートのためのスポーツ栄養学　栄養の基本と食事計画』（監修・学研パブリッシング・2014）ほか。

岡村　浩嗣（おかむら・こうじ）

筑波大学大学院体育研究科健康教育学専攻修了。大塚製薬株式会社佐賀研究所主任研究員などを経て、現在、大阪体育大学大学院スポーツ科学研究科・同大学体育学部教授。博士（学術）。スポーツ栄養学、運動栄養学専門。主著に『ジムに通う人の栄養学』（講談社・2013）、『市民からアスリートまでのスポーツ栄養学』（編著・八千代出版・2011）ほか。

親子で学ぶスポーツ栄養（第3版）

2013 年 11 月 25 日　　第 1 版 1 刷発行
2023 年 3 月 6 日　　第 3 版 1 刷発行

編著者 ── 柳沢香絵・岡村浩嗣
発行者 ── 森口恵美子
発行所 ── 八千代出版株式会社

〒101-0061　東京都千代田区神田三崎町 2-2-13
　　TEL　03-3262-0420
　　FAX　03-3237-0723
　　振替　00190-4-168060
＊定価はカバーに表示してあります
＊落丁・乱丁本はお取り換えいたします

印刷所：シナノ印刷　　製本所：グリーン
組版・装丁：瀧本友子
イラスト：イラスト工房（人物）・小林美樹（食材）
©2023 K.Yanagisawa and K.Okamura et al.

ISBN978-4-8429-1845-7